Die Spanier pauschal Kaum etwas verbindet die Menschen mehr als die Bestätigung insgeheim gepflegter Vorurteile.

Spanier gelten als stolz, fremdenfeindlich und nationalbewußt. Entspricht dies ihrem wahren Charakter, oder ist dies eine Vorstellung, die von der Propaganda unter Franco geprägt wurde und die bis heute nachwirkt?

Kennen die »düsteren« Spanier überhaupt so etwas wie Spaß im Leben? Wie ist die Einstellung dieses von strenger christlicher Moral geprägten Volkes zu Liebe und Sex? Kümmert sich der spanische Autofahrer um rote Ampeln und sonstige Verkehrsvorschriften? Wie verbringen die Spanier ihre Ferien und Feiertage?

Spanien erfreut sich einer großen Anzahl von Touristen aus Nord- und Mitteleuropa, die dort einiges erleben möchten und können und dabei vielleicht auch mit echten Spaniern in Berührung kommen. Wer auf dem Festland reist oder gar in Spanien lebt, wird auf jeden Fall mit Spaniern und dem spanischen Alltag zu tun bekommen und seine Erfahrungen mit ihnen machen.

In dieser Serie: ›Die Amerikaner pauschal‹ (Bd. 13391), ›Die Australier pauschal‹ (Bd. 13491), ›Die Deutschen pauschal‹ (Bd. 13394), ›Die Engländer pauschal‹ (Bd. 13493), ›Die Franzosen pauschal‹ (Bd. 13393), ›Die Griechen pauschal‹ (Bd. 13764), ›Die Holländer pauschal‹ (Bd. 13494), ›Die Italiener pauschal‹ (Bd. 13395), ›Die Österreicher pauschal‹ (Bd. 13392), ›Die Schweizer pauschal‹ (Bd. 13492).

Drew Launay wurde als Sohn französischer Eltern in London geboren. Er erhielt eine englische Schulausbildung, die er in Frankreich abschloß, und im Jahre 1969 reiste er zum ersten Mal nach Spanien. 1975 heiratete dieser echte Europäer, der fließend drei Sprachen spricht, eine Andalusierin und lebt seither als Romanautor südlich von Granada.

Die Spanier pauschal

Von Drew Launay
Aus dem Englischen von Oliver Koch

Fischer Taschenbuch Verlag

Redaktion: Stefan Zeidenitz

15.–17. Tausend: Mai 1998

Deutsche Erstausgabe
Veröffentlicht im Fischer Taschenbuch Verlag GmbH,
Frankfurt am Main, Februar 1997

Die englische Originalausgabe erschien unter dem Titel
›The Xenophobe's guide to The Spanish‹
bei Ravette Books Ltd., Horsham

Kartographie: Räppi
Druck und Bindung: Clausen & Bosse, Leck
Printed in Germany
ISBN 3-596-13396-3

Fremd ist der Fremde nur in der Fremde

Karl Valentin

Inhalt

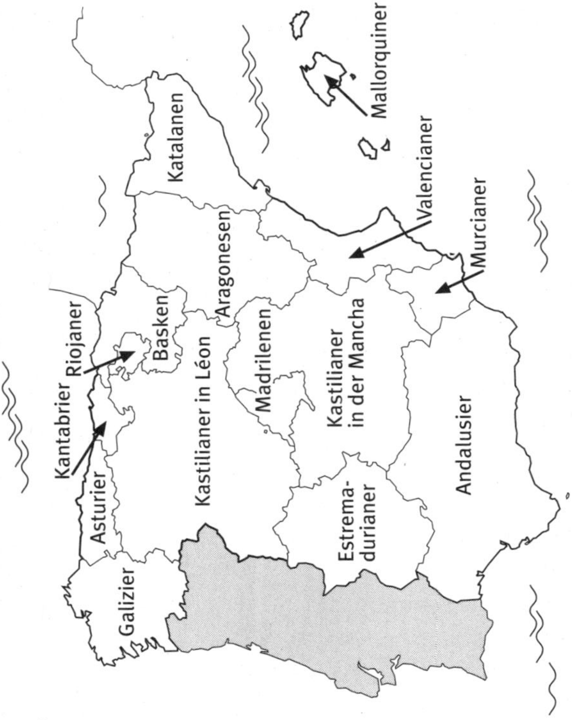

Die verschiedenen Volksgruppen summieren sich zu 39 Millionen Spaniern (verglichen mit 57 Millionen Franzosen, 48 Millionen Engländern, 57 Millionen Italienern und 80 Millionen Deutschen).

Nationalität & Identität

Die Spanier kümmert es wenig, was die Angehörigen anderer Nationen über sie denken. Auch über ihr eigenes Land nachzudenken liegt ihnen nicht besonders. Althergebrachte patriotische Sprüche und Phrasen gelten längst als überholt. Wenn Nationalbewußtsein sich als erfreuliche Angelegenheit darstellt, geben sich die Spanier gerne nationalbewußt, so wie sie es mit einer gewissen glühenden Anteilnahme während der zwei Wochen der Olympischen Spiele in Barcelona getan haben.

Auch wenn sie sich vorher kein bißchen für Sport interessiert haben, dämmerte es ihnen bei dieser Gelegenheit, daß es ganz nett sein könnte, für ein wenig Stimmung zu sorgen, wenn spanische Wettkämpfer in den verschiedenen Disziplinen mit am Start waren, also zeigten sie sich nationalbewußt. Olé!

Allenfalls während solcher Großereignisse wie einer Fußballweltmeisterschaft kann man auch etwas Stolz auf die Leistungen der eigenen Mannschaft spüren, aber wenn Spanien schon in der Vorrunde aus dem Wettbewerb fällt, dauert es gerade einmal so lange wie ein Sombrero braucht, um zu Boden zu fallen, bis sich die allgemeine Begeisterung einem anderen Land zuwendet, von dessen Spielern man sich sportliches Bravado und eine gute Show erwartet. Meist handelt es sich dabei um Südamerikaner.

Wie sie die anderen sehen

Die Spanier nehmen die Angehörigen anderer Nationen und deren besondere Eigenarten nur dann wahr, wenn sie deren Länder besucht haben und dabei jede Menge Spaß hatten.

Umgekehrt werden sie von diesen Ländern nicht viel halten, wenn sie sich dort gelangweilt haben. Fährt der Spanier beispielsweise nach England, so wird er sich schwertun, dort so etwas seinem brodelnden Nachtleben Vergleichbares zu finden. Dementsprechend wird sein Urteil über England ausfallen. Falls er es dann auch noch über sich bringt, von dem dort ausgeschenkten faden, bitteren Bier zu trinken, so wird er sich dementsprechend seinen Teil über die Engländer denken.

Die Brasilianer dagegen weden von den Spaniern hochgeschätzt, da sie nie zu Bett zu gehen scheinen, sondern die Nächte in feucht-fröhlicher Manier durchmachen.

In spanischen Augen besteht kein nennenswerter Unterschied zwischen Österreichern, Belgiern, Chinesen, Holländern, Franzosen, Deutschen, Italienern oder Japanern. Alle zusammen sind sie *extranjeros* (Ausländer), was keineswegs abwertend gemeint ist. Andererseits werden diese oft auch mit dem etwas ins Lächerliche gehenden Wort *guiri* bezeichnet, das sich von *guirigay* herleitet und soviel wie Kauderwelsch bedeutet. Für Kauderwelsch halten die Spanier alles, was aus dem Munde irgendeines Ausländers kommt.

Eine große Zuneigung verspüren die Spanier zu den *Sudacas*, zu den Völkern des südamerikanischen Kontinents. In völliger Übereinstimmung mit diesen halten sie die Nordamerikaner für ziemlich einfältige Faschisten, die sich lieber aus den Angelegenheiten anderer Völker heraushalten sollten.

Im allgemeinen jedoch machen sich die Spanier über so etwas gar nicht viele Gedanken. Sie sehen eher den einzelnen Menschen und nicht die Masse, und worauf es ihnen ankommt, ist, ob die Leute, denen sie begegnen, amüsant sind oder nicht.

Wie die anderen sie sehen

Die Spanier gelten als ausgesprochen lärmig, ziemlich rücksichtlos, unzuverlässig und unpünktlich (falls sie überhaupt bei Verabredungen auftauchen), und anscheinend gehen sie nie ins Bett außer am Nachmittag.

Am schlimmsten ist jedoch, daß sie sich Klagen und Beschwerden gegenüber völlig unbeeindruckt zeigen; jede Form von Kritik prallt an ihnen einfach ab.

Unter den spanischen Landesteilen ist Andalusien zweifellos die gößte, die heißeste und die ärmste Region. Die Andalusier sind ein äußerst lebhafter Menschenschlag, ihre Musik, ihre Tänze, ihre farbenfrohen Kostüme, all das ist sehr aufregend, und so wundert es einen nicht, daß dieser Teil Spaniens von der Touristikbranche zum eigentlichen Spanien hochstilisiert wurde. Aber es fällt schwer sich vorzustellen, daß ein Andalusier und ein Galizier gemeinsam an einem Tisch sitzen, Weißbrot in Aioli-Sauce tunken, Kaffee trinken und sich dabei darüber streiten, wer denn nun der »typischere« Spanier von beiden sei.

Wie sie sich gegenseitig sehen

Spanier ist nicht gleich Spanier. In puncto Nationalgefühl herrscht eher Verwirrung, und das ist ein Problem der spanischen Sprachenverwirrung.

Als sich im fünfzehnten Jahrhundert die kastilische Königin Isabella und der aragonesische König Ferdinand zur Ehe vereinigten und damit Spanien (mehr oder weniger) vereinigten, resultierte daraus eine Tendenz zu einer einheitlichen Staatsordnung und gewisser kultureller Gemeinsamkeiten, etwa auch einer gemeinsamen Sprache. Das »Kastellano«, die von Isabella gesprochene Form der spanischen Sprache wurde zur allgemein anerkannten Hochsprache. Doch im Laufe der Zeit meinte man in verschiedenen Regionen Spaniens wieder größere Unabhängigkeit zeigen zu müssen und begann, in verschiedenen Zungen zu sprechen.

Als Franco nach dem von ihm gewonnenen Bürgerkrieg das Land mit harter Hand regierte und streng zentralisierte, versuchte er sogleich, derartigen Nonsens abzuschaffen. Was er damit allerdings lediglich erreichte, war, dementsprechende Autonomiebestrebungen in den Untergrund zu treiben, wo sie um so besser gediehen. In dem Augenblick jedoch, als sein Tod auch seiner Politik ein Ende setzte, kamen alle Autonomiebestrebten wieder an die Oberfläche, schwangen ihre Fahnen und riefen nach Freiheit.

Im Baskenland beispielsweise, welches dortselbst Euskadia genannt wird, sind die Verkehrsschilder in baskischer Sprache, es gibt eine eigene baskische Polizei, es werden eigene baskische Steuern erhoben, es gibt eigene baskische Schulen, eigenes baskisches Fernsehen und eine höchst eigene baskische Terrororganisation mit dem baskischen Namen ETA (Euskadia Ta Askatasuna = Euskadia und Freiheit).

In Katalonien mit seiner Kapitale Barcelona legt man größten Wert darauf, Katalanisch zu sprechen, und man reagiert äußert ungehalten, wenn nicht katalanisch sprechende Spanier den Fehler begehen, einen Katalanen auf castellano anzusprechen.

Ganz ähnlich verhält es sich in Galizien.

Es gibt in Spanien siebzehn solcher Regionen, von denen jede ihre eigene Hauptstadt, ihre eigene Flagge und ihre eigene Gesetzgebung hat und wo man gerne mit dem Gedanken spielt, eine eigene Sparache zu sprechen. Aber je weiter man in Spanien nach Süden reist, desto heißer wird es, und der begeisterte Drang, eigene Wörterbücher neu herauszubringen, wird in dem Maße geringer, wie die Siesta immer länger wird.

Und so sehr sich Andalusier, Aragonesen, Basken, Kastilianer und Galizier voneinander unterscheiden mögen, spüren sie doch alle, daß sie sich von Ausländern in noch größerem Maße unterscheiden. So weit geht ihr Nationalgefühl gerade noch, aber ansonsten ist von einem »spanischen« Patriotismus wenig zu spüren. Man wird eher eine separatistische Fahne als die Nationalflagge schwenken, weil sie sich so schön in der Farbe unterscheidet. Aber bei denjenigen Spaniern, die solche Fragen überhaupt diskutieren und deswegen vielleicht sogar auf die Straße gehen, handelt es sich allenfalls um politisch engagierte Studenten und politisch interessierte Intellektuelle, nicht die Bevölkerung im allgemeinen, die dafür einfach kein Interesse hat.

Eine Ausnahme von dieser Regel gibt es immerhin. Wenn man irgendeinen Katalanen fragt, ob er in irgendeiner Weise national oder patriotisch gesinnt ist, so wird er dies auf jeden Fall eifrig bejahen. Allerdings bezieht sich sein Patriotismus auf Katalonien und nicht auf Spanien.

Wie sie sich selbst sehen

Falls die Spanier überhaupt jemals über so etwas nachdenken – was äußerst zweifelhaft ist –, so sehen sie sich selbst als ein in jeder Weise angenehmes Volk. Und das in einer Welt, wo sie dies nicht von vielen Völkern sagen würden.

Klischee & Vorurteil

Jedermann, der den Versuch unternimmt, die Spanier zu verstehen, muß zunächst die unumstößliche Tatsache anerkennen, daß sie nichts anderes für wichtig und erstrebenswert halten als pure Lebensfreude.

Was nicht zu ihrer Lebensfreude beiträgt, wird einfach ignoriert.

Auf alles, was dieser Lebensfreude Ausdruck und Befriedigung verschafft, verschwenden die Spanier unerschöpfliche Energien. Ihre ungeheure Bereitschaft, auf alles einzugehen, was momentan Spaß zu machen verspricht, führt zu bisweilen bizarren, auf jeden Fall aber völlig unerwarteten Formen des vergnügten und vergnüglichen Umgangs. Alle anderen Lebensformen und Verhaltensweisen werden dem untergeordnet.

Was vor allem bedeutet, daß sie ständig ihre Absichten ändern. Sich an irgend etwas Geplantes auch zu halten – das spielt im Leben des Spaniers keine Rolle.

Das einzige, was man über die Spanier mit Sicherheit voraussagen kann, ist, daß nichts voraussagbar ist.

Wenn man nach Spanien reist, nützt einem der althergebrachte Ratschlag »Wenn du in Spanien bist, tu alles so, wie es die Spanier tun«, nichts mehr, denn keiner weiß, was sie als nächstes tun.

Individualismo in Form von ausgeprägter Selbstbezogenheit und grenzenlosem Selbstvertrauen ist *der* Grundzug des spanischen Nationalcharakters. Er führt dazu, daß sich die Spanier immer sehr schwertun, wenn es darum geht, ein kleines bißchen Eigeninteresse im Sinne des Allgemeinwohls zu opfern. Daher kennen sie auch keinerlei diesbezügliche Schuldgefühle und verschließen sich gegenüber jeder Kritik. Andererseits sind sie schnell damit bei der Hand, anderen ihre Fehler und Schwächen unnachsichtig vor Augen zu führen.

Dem Spanier liegen Ehrgeiz und Neid ziemlich fern, und er ist keineswegs leicht zu beeindrucken. Persönliche Fragen werden wohl am ehesten mit einem Achselzucken beantwortet werden, wie um anzudeuten, daß die Antwort sowieso nicht wichtig ist. Zum Beispiel:

Frage: Welche politische Partei unterstützen Sie?
Antwort: Ein Achselzucken.

Frage: Wie oft waren Sie verheiratet?
Antwort: Ein Achselzucken.

Frage: Möchten Sie lieber ein Bier oder einen Kaffee?
Antwort: Ein Achselzucken.

Ein derartiges Verhalten kann natürlich zu Mißverständnissen führen, wenn man einen Bahnangestellten fragt, wann der nächste Zug nach Madrid abfährt.

In diesem Sinne ist auch die Zeit für den Spanier ein

gar nicht existierendes Phänomen. Sich an so etwas wie festgesetzte Termine, Verabredungen oder Zeitpläne zu halten würde eine Einschränkung der persönlichen Freiheit bedeuten, und eine Einschränkung der persönlichen Freiheit bedeutet auf jeden Fall eine Beschränkung der Lebensfreude.

Das Schlüsselwort, das man sich in diesem Zusammenhang auf jeden Fall einprägen sollte, lautet: *mañana* (im allgemeinen begleitet von einem Achselzucken). *Mañana* bedeutet »morgen« oder »irgendwann im Laufe des morgigen Tages« oder »übermorgen« oder »überübermorgen« oder »nächste Woche« oder »übernächste Woche«, »überübernächste Woche«, »nächsten Monat«, »übernächsten Monat«, »nächstes Jahr«, »möglicherweise im nächsten Jahr«, »vielleicht im Jahr 2000«, »später«, »irgendwann«, »vielleicht nie«, »nie«, »nie und nimmer«.

Mitmenschen & Zeitgenossen

Regeln für korrektes Verhalten wurden in der Ära nach dem Bürgerkrieg, also im Spanien der vierziger und fünfziger Jahre, von der Kirche festgelegt, und sie wurden streng beachtet. Frauen sollten sich auf der Straße nicht in Kleidern zeigen, die an den Stellen zu eng sind, »wo ihr Anblick die üblen Gelüste der Männer hervorrufen könnte«. Frauen durften weder Fahrrad fahren noch Hosen tragen, und »moderne« Tänze waren sowieso strengstens verboten.

Manche Ausländer glauben, daß solche Verhaltensmaßregeln in Spanien immer noch gelten. Mitnichten. Heutzutage ziehen die Frauen auch auf der Straße Kleider an, die so eng sind, daß die Männer gar nicht anders können, als ihre Geilheit förmlich aus den Augen springen zu lassen. Mountain-Bikes werden von Gestalten beiderlei Geschlechts in wie eine zweite Haut anliegenden Aerobicanzügen über jede Art von befahrbarem Gelände gejagt. Frauen tragen nicht nur Jeans, sondern tragen auch dafür Sorge, daß man ihre samtweiche, sonnengebräunte Haut durch geschickt angebrachte Risse auf Schenkeln, am Knie und knapp unterhalb des Popos durchschimmern sieht. Und an die Stelle der modernen Tänze ist längst mehr oder weniger eingebungsvolles Diskogewackel getreten.

Die Familie

Man kann sagen, daß die Familie die gesamte Einstellung des Spaniers zum Leben prägt, insonderheit zu dem, was er als Lebensfreude empfindet. Der Spanier wird selten etwas planmäßig in Angriff nehmen, aber wenn er es tut, wird er seine Familienmitglieder miteinbeziehen, sonst wäre er nicht glücklich dabei.

Eine Zeile aus einem alten spanischen Volkslied unterstreicht dies deutlich mit den Worten: »Du bist zwar nicht hübsch und du hast kein Geld, aber du liebst meine Mutter und dafür liebe ich dich.«

Die eigene Familie und das angestammte Zuhause sind dem Spanier sehr viel wichtiger als materielles Wohlergehen. Wenn in Spanien jemand auf diesen Komfort und diesen Rückhalt verzichtet und von zu Hause wegzieht, wird dies eher als ein Fehler oder ein Anzeichen für ein Versagen gewertet und nicht etwa als beachtliche eigene Leistung. Vor allem Mütter können nicht verstehen, warum ihre Söhne von ihrer Familie wegziehen sollten, außer um eine eigene Familie zu gründen. Selbst dann wird eher erwartet, daß die Frau ihre eigene Familie verläßt und nicht er.

Kinder

Für die Spanier stehen Kinder immer an allererster Stelle. Dabei spielt es keine Rolle, ob es sich um eigene oder um fremde Kinder handelt. Kinder nicht mit in Restaurants zu nehmen oder von Bars oder ähnlichen Einrichtungen fernzuhalten, wie es in Nord- und Mitteleuropa praktiziert wird, ist in Spanien nicht nur undenkbar, sondern es gilt regelrecht als unzivilisiert.

Man soll die Kinder durchaus sehen, und sie werden geradezu ermuntert, auch hörbar zu sein, und das möglichst laut. Gelten sie doch als Inbegriff von Freude und Fortdauer des Lebens, und als solche werden sie voller Stolz vorgeführt. Niemand käme in Spanien auf die Idee, Kinder zur Strafe ins Bett zu schicken, ja eigentlich werden sie überhaupt nie ins Bett geschickt. Oft genug kann man Krabbelkinder mit einem Spielzeug um zwei Uhr morgens unter einem dicht besetzten Kaffeehaustisch herumrutschen sehen, während die Eltern und ihre Freunde die mandelförmigen Augen oder die lustigen Locken ihres Sprößlings oder die neuartigen Einwegwindeln bewundern.

Die ältere Generation

Ähnlich exemplarisch wie bei den Kindern ist das Verhalten gegenüber der älteren Generation. Es wäre ungewöhnlich für einen Spanier, sich nicht um die älteren Mitglieder seiner Familie zu kümmern. Alten- und Pflegeheime gibt es zwar da und dort, aber sie sind nur für die Unglückseligen, die wirklich niemanden haben, der sich um sie kümmert. In den meisten Städten und Dörfern kann man die Großväter und Großmütter, die Urgroßväter und Urgroßmütter auf einem Stuhl neben der Eingangstür des Hauses oder auf einem Schaukelstuhl auf dem Balkon sitzen sehen, wo sie mit zufriedener Miene alles beobachten, was sich auf der Straße um sie herum so alles abspielt. Sie nehmen an allem teil, gehören immer dazu, egal, ob sie gerade hellwach, schon ein bißchen ga-ga oder einfach nur am Schnarchen sind.

Exzentriker und andere Minderheiten

In Spanien gibt es kaum Exzentriker. In einem Land, wo einem Mittel- oder Nordeuropäer sowieso das halbe Volk ständig außer Rand und Band geraten zu sein scheint, finden ungewöhnliche Verhaltensweisen ohnehin kaum Beachtung.

Als beachtenswerter Exzentriker gilt hier allenfalls der Señor alten Schlags, der mit arroganter Miene durch sein Städtchen reitet und dabei so tut, als ob ihm der ganze Ort gehören würde, was im Zweifel sogar der Fall sein dürfte. Ein anderer, weniger beliebter Typus ist der aalglatte junge Mann, der sich seinen Nagel am kleinen Finger einen halben Zentimeter länger wachsen läßt als die anderen, um damit deutlich zu machen, daß er es nicht nötig hat, mit den Händen zu arbeiten, und um seine Verachtung für diejenigen deutlich zu machen, die als *chulo* (kleiner Zuhälter) oder *gitano* (Zigeuner) bezeichnet werden.

Die Spanier sind keine Rassisten. Ihre einzige ehrliche

Abneigung gilt den Zigeunern, die sie sich vom Leibe halten, so gut es eben geht.

Der Mangel an Zuvorkommenheit gegenüber diesem gutaussehenden und ungestüm wirkenden Volk ist die einzige Schwäche der Spanier, die ansonsten in keiner Weise von der Hautfarbe oder dem Glaubensbekenntnis anderer Menschen Notiz nehmen, denn es gibt ja in der Tat auch überhaupt keinen Grund, warum sie dies tun sollten.

Sitten & Gebräuche

Im allgemeinen sind die Spanier nicht so sehr auf »gute Manieren« bedacht, wie dies in manchen anderen Ländern der Fall ist. Daß ihre Kinder sich in der Öffentlichkeit gut benehmen, überlassen sie mit einem gewissen Gottvertrauen dem Lauf der Dinge. Ihren Sprößlingen zu Hause diesbezügliche Lektionen zu erteilen, wie dies die Franzosen tun, ist nicht ihr Fall. Sie werden ihre Kinder zwar nicht gerade dazu ermutigen, mit aufgestützten Ellenbogen am Eßtisch zu sitzen, aber es gibt deswegen auch keins hinter die Löffel. »Tut mir leid« und »Danke schön« wird man in Spanien nicht besonders oft zu hören bekommen. Allfällige Entschuldigungen für kleinere Mißgeschicke und Ausrutscher werden einfach übergangen, und andererseits werden allzu häufige Dankbarkeitsbekundungen auch nicht unbedingt erwartet. Die Spanier halten nichts davon, es mit solchen Artigkeiten zu übertreiben, weil es ihnen bestenfalls aufgesetzt, schlimmstenfalls hinterhältig vorkommt. Wenn sie sich über etwas freuen, dann zeigen sie es gerne offen und spontan. Umgekehrt unternehmen sie auch wenig Anstrengungen, um ihr Mißvergnügen zu verbergen.

Wenn Messer und Gabel auf dem Teller parallel abgelegt werden, bdeutet das, wie überall sonst, daß die Mahlzeit zu Ende ist. Aber im Zweifel rangieren Tischmanieren immer hinter der Gefräßigkeit an zweiter Stelle. Wird etwas zu essen in die Mitte des Tisches gestellt, so recken sich sofort alle Arme kreuz und quer vor. Ohne große Rücksichtnahme auf andere versucht jeder einen Happen mit den Fingern zu greifen, bis jemand am Tisch sich erbarmt und die Ordnung wieder herstellt, indem er oder sie die Portionen auf die einzelnen Teller verteilt.

Und mit dem Verkauf von Papierservietten (die in Spanien überall einfach auf den Boden geworfen werden) haben einige clevere Geschäftsleute Millionen verdient.

In manchen Familien gibt es immer noch einige sehr alte Menschen, die es vorziehen, die Mahlzeit ganz für sich alleine zu verzehren. In den Jahren, in denen in Spanien extreme Armut herrschte, haben sie in bezug auf das Essen eine Art Prüderie entwickelt, weil es als Luxus galt, überhaupt etwas zu essen zu haben, und jedes Familienmitglied seine eigene Mahlzeit zubereitete und an einem eigenen Tisch mit dem Rücken zu den anderen verzehrte.

Begrüßungen

Die Art, wie die Spanier miteinander umgehen, ist vielleicht die ungezwungenste auf der ganzen Welt. Obwohl die spanische Sprache sowohl über eine höfliche Anredeform (*usted* – Sie) als auch über eine vertrauliche Anredeform (*tú* – du) verfügt, wird oft schon bei der ersten Begegnung das *usted* fallengelassen, da kein Mensch Lust hat, sich mit derlei Formalitäten herumzuquälen. Für Ausländer kann die Frage, welche der beiden Formen er verwenden soll, zum Problem werden; wenn man das *usted* nämlich in einem sarkastischen Ton ausspricht, will man damit auf spanisch oft auch zum Ausdruck bringen, daß sich die angesprochene Person arrogant verhält.

Es ist jedoch völlig undenkbar, ältere Damen oder eine bedeutende Persönlichkeit ohne weiteres mit *tú* anzusprechen. Andererseits sollte man auch nicht den Fehler begehen, mit einem Streifenpolizisten in der *usted*-Form zu reden, um ihn dadurch eventuell etwas nachsichtiger zu stimmen; das einzige, was dabei herauskommen wird, ist eine saftige Verwarnung wegen falschen Parkens, selbst wenn Sie gar kein Auto haben.

Wenn man in Spanien mit *Don* oder *Doña* angesprochen wird, ist dies stets ein Ausdruck großen Respekts. Universitätsprofessoren, Ärzte, Rechtsanwälte oder andere Angehörige hochangesehener, vor allem akademischer Berufe werden ziemlich häufig mit diesem Titel in Verbindung mit dem Vornamen angeredet, also zum Beispiel Don Juan (Diego, Quixote etc.).

Die spanischen Männer haben es auf geschickte Weise verstanden, bei der Begrüßung von Frauen den doppelten Wangenkuß (Küßchen rechts, Küßchen links) zum gewohnheitsmäßigen Standard zu machen. Wann immer man sich begegnet, zu Hause, auf der Straße, im Café, im Restaurant oder sonstwo, man muß damit rechnen, daß das Begrüßungsritual länger dauert als selbst in Frankreich, wo man immer ungefähr eine Stunde veranschlagen sollte, bis man jedermann im Umkreis per Handschlag begrüßt hat. Denn die Männer begrüßen die Frauen mit Wangenküßchen, Frauen andere Frauen mit Küßchen, Kinder andere Kinder, Tanten küssen Onkels und Cousins, Großväter küssen Großmütter, den Koch, den Dieb, die Ehefrau und den Liebhaber.

Diese ganze Zeremonie findet immer wieder statt, weil die Spanier ein geselliges und extrovertiertes Volk sind und die demonstrativen Gesten lieben. Sie lernen gerne neue Leute kennen, treffen sich gerne mit alten Bekannten, alten Freunden, neuen Freunden, und deshalb verabreden sie sich gerne zum Frühstückskaffee, zum Mittagessen, zum Nachmittagskaffee, zum Abendessen, zum Kaffee nach dem Abendessen und zum Kaffee mitten in der Nacht.

Etiketteregeln

Die Tatsache, daß 98 % dieser Verabredungen nicht eingehalten werden, steht in Spanien völlig in Einklang mit dem guten Ton. Die Spanier betrachten es als sehr unhöflich, sich von jemandem zu verabschieden, bevor nicht diese erste Person in Ruhe über alles und jedes geplaudert hat, was immer er oder sie auf dem Herzen hatte.

Da die Spanier es nie besonders eilig damit haben, irgend etwas zu Ende zu bringen, mag es gut und gerne eine oder zwei oder vielleicht sogar drei Stunden dauern, bis alle anliegenden Themen erschöpfend durchgesprochen sind. Da es eben als unhöflich betrachtet wird, seine Bekannten oder Freunde bei ihren ausgiebigen Erzählungen zu unterbrechen, nur um ihnen mitzuteilen, daß man längst eine andere Verabredung wahrnehmen sollte, tut man dies auch nicht, sondern hört weiterhin völlig entspannt zu. Tröstlich ist dabei der Gedanke, daß die andere Person, die man bereits vor ungefähr fünf Stunden hätte treffen sollen, keineswegs ungeduldig am verabredeten Ort wartet, sondern ebenfalls im Augenblick dabei ist, der endlosen Saga eines anderen Bekannten zuzuhören, die er oder sie nicht unterbrechen darf. Dabei hat er oder sie ebenfalls bereits drei Züge und zwei Busanschlüsse verpaßt und wird es sowieso nie schaffen.

Diese völlige Unfähigkeit der Spanier, Verabredungen einzuhalten, hat den erfreulichen Nebeneffekt, daß sich Ehepaare in der glücklichen Gewißheit wiegen können, daß es niemals zum Ehebruch kommen kann. Heimliche Liebesaffären sind in Spanien ein Ding der Unmöglichkeit.

Wenn ein Ehemann ein verschwiegenes Hotelzimmer reserviert hat, um sich an einem Dienstag nach der Arbeit mit seiner Sekretärin zu einem Rendezvous zu treffen, weil er weiß, daß seine Ehefrau an jenem Tag eine weiter entfernt wohnende Tante besucht, so wird es mit an Sicherheit grenzender Wahrscheinlichkeit nie zu diesem Stelldichein kommen, weil

1. er auf dem Weg zu dem Hotel einen alten Schulfreund trifft und mit ihm einen Kaffee trinken geht, wobei sie in Ruhe über die alten Zeiten plaudern (drei Stunden),

2. die Sekretärin von einer anderen Sekretärin zu einem Kaffee eingeladen wird, damit die beiden sich über das Für und Wider der geplanten Affäre unterhalten können (vier Stunden),

3. die Ehefrau gar nicht erst bis zu der Tante gelangt, weil sie auf dem Bahnhof einen netten jungen Mann getroffen hat, der ihr vorschlägt, auf einen Kaffee ins Bahnhofsrestaurant zu gehen, weil er ihr sagen will, wie beeindruckt er von ihren Körperformen ist (zwei oder drei Stunden).

Schlangestehen

Man kann nicht sagen, daß die Spanier das Schlangestehen erfunden hätten.

Im Gegenteil. Sie betrachten es als eine Art Kampfsport, in einem Laden oder an einer Supermarkttheke als erstes bedient zu werden, selbst wenn andere vor ihnen da waren. Zu den Regeln dieses Kampfsportes gehört es auch, sich dabei so wenig wie möglich subtiler Methoden zu bedienen. Hat man diesen Kampf gewonnen, so schämt man sich nicht seiner vor Stolz glitzernden, weit geöffneten Augen. Sofern Ausländer nicht selbst sehr versiert in der Kunst des Vordrängelns sind, wird ihnen beim Metzger regelmäßig der Kragen platzen.

Starke, spitze Ellbogen und ein gewisses Körpergewicht sind unerläßliche Voraussetzungen für gute Erfolgsaussichten bei diesem Sport. Hinzu kommt nach Möglichkeit eine gewisse Vertrautheit mit den intimeren

Problemen der Metzgersfamilie. Über die Köpfe der übrigen Wartenden hinweg ist es dann nämlich ein Leichtes, mit möglichst lauter Stimme seine einschlägigen Ratschläge zu Gehör zu bringen.

Der Metzger oder die Metzgersfrau, beziehungsweise deren Angestellte(r), ignorieren dann einfach jegliches Füßescharren oder Räuspern auf der anderen Seite der Theke und bedienen jene wohlmeinende Person zuerst oder diejenigen, die es geschafft haben, sich genau gegenüber zu plazieren, oder diejenigen, die den interessantesten Klatsch zu erzählen wissen. Wer die pikantesten Details über den neusten Fall von Ehebruch in der Nachbarschaft zu erzählen weiß, kann sicher sein, daß er seine Schweinekoteletts vor allen anderen erhält.

Es mag immerhin vorkommen, daß eine Ausländerin von den einheimischen Frauen nach vorne geschoben wird. Dankbar mag man glauben, daß dies aus gastlicher Höflichkeit und Freundlichkeit heraus geschieht.

Falsch. Man wollte sie nur so schnell wie möglich aus dem Laden heraus haben, damit sich hinterher alle gemeinsam vor Lachen über deren monströsen Strohhut ausschütten können.

Paseo

Die Gewohnheit des allabendlichen Stadtspaziergangs, des *paseo*, bei dem man bummelt und Leute trifft, ist eine alte spanische Tradition wie auch der dazugehörige *ocio*, die gesellige Plauderei. Die Spanier tun dies sowieso – zu jeder Tageszeit und an jedem Ort.

Obwohl sich die wohlhabenderen Schichten in Spanien mittlerweile ein Leben in den ruhigeren und weniger luftverschmutzten Außenbezirken der Städte leisten können und durchaus bemerkt haben, daß ein lärmfreies Leben im Grünen gesünder ist, ziehen sie doch lieber nicht allzu weit von den Zentren weg. So oft es geht, fahren sie dann eben abends mit dem Auto in die Stadt und warten geduldig eine halbe Stunde lang im Verkehrsstau – natürlich mit laufendem Motor –, bis in einer der zentral gelegenen Tiefgaragen ein Platz frei wird. Dann endlich können die Spanier ihrer nie an irgendwelche Grenzen stoßenden Begeisterung frönen, Freunde zu treffen, und dem geradezu zwanghaften Drang nachgeben, Arm in Arm mit ihnen durch die Straßen zu spazieren und andere Freunde zu treffen, die ebenfalls Arm in Arm durch die Straßen spazieren.

Es gibt allerdings inzwischen auch viele Spanier, die des Lebens am Rande der Stadt überdrüssig geworden sind, weil sie es unerträglich langweilig finden, und sich reumütig im Tumult der spanischen Innenstädte wieder eine Wohnung gesucht haben. Außerdem haben sie wohl Angst, daß sie etwas verpassen könnten.

Nachnamen und Vornamen

Daß Spanier zwei Nachnamen haben, ist eine seit alters überkommene Tradition, und man benötigt ein gewisses Maß an Konzentration, bis man das verstanden hat.

Wenn Frauen heiraten, nehmen sie nicht die Nachnamen ihres Mannes an, sondern behalten ihre eigenen.

Die Kinder aus dieser Ehe bekommen als ersten Nachnamen den ersten Nachnamen ihres Vaters und als zweiten Nachnamen den ersten Nachnamen ihrer Mutter. Ein Beispiel:

* Wenn Pilar Gómez Díaz sich mit Felipe Rodríguez Fernández verheiratet, bleibt ihr Name Pilar Gómez Díaz.

* Wenn ihre Tochter auf den Vornamen Mercedes getauft wird, heißt sie mit vollständigem Namen Mercedes Rodríguez Gómez.

* Wenn Mercedes Rodríguez Gómez sich mit Juan García Martínez verheiratet, heißt sie weiterhin Mercedes Rodríguez Gómez. Ihr Sohn Pedro heißt Pedro García Rodríguez, und seine Schwester Carmen heißt Carmen García Rodríguez.

Glücklicherweise wird im Alltag nur der erste Nachname verwendet. Felipe Rodríguez Fernández wird also mit Señor Rodríguez angesprochen. Um auf bestimmten offiziellen Dokumenten jegliche Mißverständnisse auszuschließen, wird eine Frau, quasi in Anerkennung der Tatsache, daß sie zu ihrem Ehemann gehört, seinen Nachnamen an ihre anfügen. Wenn Pilar Gómez Díaz also die Gattin von Felipe Rodríguez Fernández ist, wird sie mit Pilar Gómez Díaz de Rodríguez unterschreiben.

Sollte der arme Felipe gestorben sein, wird Pilar mit Pilar Gómez Díaz *viuda de* (Witwe von) Rodríguez unterschreiben.

All diese zweifachen Nachnamen werden niemals durch einen Bindestrich verbunden wie bei uns, außer wenn es sich um einen durch einen Bindestrich verbunden Doppelnamen handelt. In diesem Fall hat der Namensträger sozusagen drei Nachnamen. Bei Fernando González Molina-Torres' zweitem Nachnamen Molina-Torres handelt es sich um einen solchen Doppelnamen.

Falls beide Ehepartner einen Doppelnamen als ersten Nachnamen tragen, dann haben ihre Kinder eben vier Nachnamen, zum Beispiel: Javier Aguilar-Pascual López-Matías.

Um das Verständnis weiterhin zu erleichtern, ist es in Spanien oftmals üblich, daß Söhne denselben Vornamen wie ihr Vater tragen und Töchter den ihrer Mutter. Es kann also vorkommen, daß es in einer Familie mehrere Eduardos und mehrere Margaritas gibt, die dann stets nur durch ihre Kosenamen unterschieden werden, was die Sache, zumindest am Anfang auch nicht gerade leichter macht. Gängige Kosenamen sind: Paco für Francisco, Pepe für José, Manolo für Manuel, Quique für Enrique, Maribel für María Isabel, Provi für Providencia, Inma für Inmaculada, Remi für Remedios, Loli für Dolores und so weiter.

Ferner gilt es zu beachten, daß viele Jungen José María und viele Mädchen María José heißen. Wenn man daher eine Familie kennenlernt, in der Vater und Sohn José María sowie Mutter und Tochter María José heißen, kann es ratsam sein, sie nicht allzuoft alle zusammen zum Abendessen einzuladen.

Aber all das ist Kinderkram, verglichen mit den Schwierigkeiten, die sich auftun, wenn man in Spanien eine Nummer im Telefonbuch nachschlagen will. Die Telefonteilnehmer sind alphabetisch nach den ersten Nachnamen der Anschlußinhaber aufgelistet.

Die Telefonnummer von Felipe Rodríguez Fernández findet man daher unter Rodríguez Fernández F.

Weil er sehr viele Verwandte mit demselben Namen zu haben scheint, finden sich im Telefonbuch jeder größeren spanischen Stadt vielleicht siebenhundert Rodríguez Fernández F. Sollte man das Pech haben, die Adresse nicht zu kennen, kann man den Versuch, den gewünschten Felipe Rodríguez Fernández per Telefon zu erreichen, am besten gleich bleibenlassen. Höchstwahrscheinlich ist er sowieso gerade zum Kaffeetrinken außer Haus.

Falls es einmal nötig sein sollte, eine Apotheke, einen Klempner oder eine Autowerkstatt anzurufen, hat man eigentlich schon viel gewonnen, wenn man weiß, daß die Apotheke »Farmacia Pintada« heißt (weil sie in der »Calle Pintada« genannten Straße liegt) oder daß der Klempner seine Firma zusammen mit seinem Bruder unter der Bezeichnung »Hermanos Moreno« (Gebrüder Moreno) betreibt oder daß es sich bei der Autowerkstatt um eine Renault-Niederlassung handelt. Allein, derlei fabelhafte Kenntnisse nützen einem beim Nachschlagen der gewünschten Telefonnummern gar nichts. Geschäftliche Telefonnummern dieser Art werden in Spanien nämlich unter dem Namen derjenigen Person geführt, unter deren Namen der Anschluß angemeldet ist und die daher offiziell die Telefonrechnung bezahlt. Das wird aller Wahrscheinlichkeit nach die Schwiegermutter des Apothekers sein, die Tante der beiden Klempner oder der frühere Eigentümer des Grundstücks, auf dem vor zehn Jahren die Renault-Werkstatt erbaut wurde.

Geburt, Heirat, Tod

Dank der tränenreichen Fernsehserien, die in Spanien vorwiegend aus Südamerika importiert werden und überall den ganzen Tag über laufen, findet sich für die Herzen und Gemüter von Müttern, Großmüttern und Urgroßmüttern heutzutage ein reiches Betätigungsfeld. Sie sind nicht mehr so stark darauf angewiesen, erwartungsvoll einer bevorstehenden Geburt, Hochzeit oder einem Todesfall entgegenzufiebern, die ihrem eintönigen Alltag etwas Abwechslung verschaffen.

Die nächtlichen Vorstellungen in dem kleinen flimmernden Kasten werden stets mit gespannter Aufregung und inniger Anteilnahme verfolgt. Zu erfahren, wie es weitergeht mit Manuela und der Nichte ihrer Stiefschwester, die nahezu gleichzeitig von demselben ruchlosen, aber bildschönen stadtbekannten Verführer geschwängert wurden, ersetzt in gewissem Maße die ansonsten sehnsuchtsvoll erwarteten Familienzusammenkünfte. Gleichwohl wird von den Spanierinnen nach wie vor sehr viel Energie und noch mehr Geld auf die Beschaffung von Kleidchen, Bettchen, Wiegen und Spielzeug für die Neugeborenen ver(sch)wendet, gar nicht zu reden von den Summen, die für eine üppige Brautausstattung oder einen reich geschnitzten Sarg draufgehen.

Wenn in Spanien ein Kind zur Welt kommt, spielt sich das im wesentlichen nicht viel anders ab als sonstwo auch, außer daß die Mütter oft erst in der allerletzten Minute ins Krankenhaus eingeliefert werden statt vielleicht in der letzten. Zum Teil ist dies auf allzu ausgiebiges Achselzucken der werdenden Mutter selbst zurückzuführen, sobald die ersten Wehen auftreten. Sie weiß, daß der Vorgang nicht besonders erfreulich sein wird, und versucht daher, ihn so lange wie möglich hinauszuzögern.

Viele spanische Kinder haben das Licht der Welt schon im Familienauto oder im Taxi erblickt, das auf dem Weg zur Notfallstation im Verkehrsstau steckengeblieben ist. Und noch mehr spanische Kinder wurden im Bus geboren, weil der werdende Vater, der gerade mit dem Taxifahrer Kaffee trinken gegangen war, im entscheidenen Moment eben nicht zur Hand war.

Geburtstage werden in Spanien zweimal gefeiert; einmal am Jahrestag der tatsächlichen Geburt und ein weiteres Mal (und dies ist der wichtigere Geburtstag) am Namenstag des jeweiligen Namenspatrons, der natürlich ein Kirchenheiliger ist. Es wäre höchst ungewöhnlich in Spanien, nicht nach einem katholischen Heiligen benannt zu werden. (Namensgebungen mit einem Fußball- oder Filmstar als »Schutzheiligem« oder »Schutzheiliger«, wie etwa Kevin, Arnold oder Sharon sind in Spanien noch nicht üblich.)

Diese doppelten Geburtstage ermöglichen es den glücklichen Eltern natürlich, alle Großeltern, Tanten, Onkel, erste, zweite und dritte Cousins und Cousinen und deren Angehörige zweimal pro Jahr zu einer Familienfiesta einzuladen statt bloß einmal.

Auch die Hochzeitsfeiern ähneln denjenigen in der

übrigen Christenheit, wobei sich in Spanien die überwiegende Aufmerksamkeit auf das Kleid der Braut und den mit einer Videokamera den Altar umkreisenden Onkel konzentriert. Beide kommen auf jeden Fall mehr zur Geltung als die eigentliche Zeremonie. Auch fehlt es nicht an einem stattlichen Aufgebot an Brautjungfern, und es werden Unmengen von Reis und Konfetti verstreut, und zum Abschluß wird der Brautstrauß für das nächste Opfer über die Schulter geworfen.

Die Trauerfeiern unterscheiden sich in Spanien allerdings sehr von dem bei uns Üblichen. Wenn ein Leichnam nicht gekühlt aufbewahrt werden kann, muß er innerhalb von zweiundsiebzig Stunden »beerdigt« werden. Wenn er gekühlt aufbewahrt werden kann, gilt diese Vorschrift nicht.

Die Leichen werden nicht im eigentlichen Sinne beerdigt, sondern in Wandnischen beigesetzt. Der Sarg wird in eine Höhlung, die mit Ziegelsteinen und Mörtel ausgekleidet ist, geschoben, die anschließend mit Ziegelsteinen zugemauert wird. Der Platz für diese Wandnische wird üblicherweise nicht gekauft, sondern von der Stadtverwaltung gepachtet. Falls die Pacht nicht bezahlt wird, werden die sterblichen Überreste nach einiger Zeit entfernt und in einem Gemeinschaftsgrab innnerhalb des Friedhofes beigesetzt, wodurch die Nische für einen anderen Wandnischeninhaber frei wird, dessen Familie die Pacht bezahlen kann.

Die lange bestehende Tradition, Trauerkleidung zu tragen, verschwindet in unseren Tagen sehr schnell. Vor noch gar nicht allzu langer Zeit wurde von der Witwe, Tochter und Schwester eines Verstorbenen erwartet, daß sie jahrelang Schwarz trugen. Hatten sie das Pech, Ehemann, Vater oder Bruder hintereinander zu verlieren, so konnte es vorkommen, daß sie für den Rest ihres Lebens in Trauer gingen. Heutzutage sieht man so manche lustige Witwe einen oder zwei Monate nach dem Tod des Gatten in lebhafte Farben wie nie zuvor gekleidet oder im glitzernden Stretchanzug auf dem Weg zum Aerobic-Center.

Sicherlich ist dies nicht als Mangel an Feingefühl zu interpretieren, sondern darin drückt sich wohl eher der Wunsch aus, so intensiv wie möglich am Leben teilzunehmen, denn Trauer ist nun wirklich nichts besonders Erfreuliches.

Scheidung

Seit 1980 gibt es in Spanien ein Ehetrennungsverfahren nach dem Motto: Scheidung leichtgemacht.

Wenn die Ehegatten übereinkommen, sich trennen zu wollen, kann die Scheidung nach zwei Jahren ausgesprochen werden.

Wenn einer der Ehepartner nicht in die Scheidung einwilligt, muß der andere sich »grausam« verhalten, das gemeinsame Zuhause verlassen oder Ehebruch begehen, damit eine gesetzliche Trennung vollzogen und nach Ablauf von fünf Jahren die Scheidung ausgesprochen werden kann.

Ein Ehemann, der seine mäkelige, aber klammerige Ehefrau loswerden will, müßte sie daher schlagen, seine Sachen packen und zurück zu Mutter ziehen.

Eine Frau, die sich ihres langweiligen, innerlich aber völlig von ihr abhängigen Mannes entledigen möchte, könnte ihn dorthin treten, wo es wirklich weh tut, ihre Sachen packen und sich mit dem Gasmann davonmachen. Allerdings wird in weiten Teilen Spaniens das Gas für den häuslichen Herd nur in Metallbehältern in Haushaltwarengeschäften verkauft, es kommt also keiner, um den Gaszähler abzulesen. Da in Spanien auch keine Zeitungen frühmorgens an die Haushalte ausgeliefert werden, hat es auch keinen Zweck, auf den Zeitungsjungen zu warten.

Die einzige Zuflucht in diesem Fall könnte der Scherenschleifer sein, der mit seinem auf ein Fahrrad montierten Schleifstein regelmäßig am Donnerstag vormittag in der Straße auftaucht.

Werte & Wandel

Reichtum & Erfolg

Man kann nicht sagen, daß ausgeprägter Besitzerstolz in Bezug auf materielle Werte eine Nationaleigenschaft der Spanier wäre. Gleichwohl ist es dem Spanier und der Spanierin wichtig, ein großes Haus, einen schicken Wagen und wertvollen Schmuck ihr eigen zu nennen, sofern sie es sich leisten können. Und sie legen eher insofern Wert darauf, als sie sich selbst an diesen Dingen erfreuen können, weniger um damit vor anderen eine Show abziehen zu können. Was die Nachbarn mit ihrem Geld machen, sofern sie welches haben, interessiert die Spanier nicht.

Neuerdings gibt es zwar unter den Neureichen auch die für die moderne Gesellschaft typischen Formen von Geltungsdrang wie das Tragen von Kleidung und Accessoires mit unübersehenbaren Markenkennzeichen, aber das gilt als bei den meisten als genauso lächerlich wie überall sonst auf der Welt auch und wird nicht weiter ernst genommen. Aber jener grundlegende Snobismus, wie ihn die gehobenen Gesellschaftsschichten in Frankreich pflegen, oder ein Klassenbewußtsein wie in England existiert in Spanien nicht. Als Folge des Bürgerkrieges wurden in diesem Land die sozialen Unterschiede nachhaltig eingeebnet.

Die Spanier spüren nicht das Bedürfnis, unbedingt viel Geld verdienen zu müssen, wie das bei den nördlicheren Völkern Europas der Fall ist. Sie haben immer schon gewußt, daß man das Glück nicht kaufen kann, sondern nur in sich selbst und in seiner natürlichen Umgebung findet: Sonne, Familie, Zufriedenheit, im Einklang mit sich selbst und der Welt leben.

Das Glück jedes einzelnen wird viel höher geschätzt als alles Geld der Welt. Ein Schaf- oder Ziegenhirte, der mit seiner Herde durch die Landschaft streift, frische Luft atmet und mit seinem einfachen Leben zufrieden ist, wird viel eher als ein Idealtypus bewundert als ein wohlhabender Geschäftsmann, der keine Zeit hat, um *disfrutar la vida*, das Leben zu genießen, und der einen guten Teil seiner Einkünfte für Medikamente ausgeben muß, mit denen er seine Magengeschwüre bekämpfen kann.

Wenn es etwas gibt, womit die Spanier auf sich aufmerksam machen müssen, dann ist es Krach – möglichst viel Krach und möglichst laut und vorzugsweise bei Nacht, damit jeder mitbekommt, wie gut es ihnen geht. Um ein Uhr nachts lassen sie ihre Umgebung wissen, daß sie einen frischen Stapel Videos ausgeliehen oder eine neue CD gekauft haben, welche sogleich in voller Lautstärke vorgeführt werden, während unten auf der Straße die jungen Leute auf ihren getunten Hondas mit Höchstgeschwindigkeit vorbeirasen. Eine gut geölte Maschine kann einen Spanier in Angst und Schrecken versetzen; dröhnender Motorenlärm gilt als Beweis dafür, daß die Menschen beschäftigt sind.

Allzu große Ruhe macht den Spanier nervös, weshalb das Spanische auch nicht gesprochen, sondern geschrien wird, außer am Nachmittag zwischen drei und fünf, wenn alle schlafen.

Religion & Autodafé

Im Gegensatz zur allgemeinen Vorstellung sind die Spanier durchaus nicht besonders religiös. Die meisten mögen Mitglieder der katholischen Kirche sein, das heißt aber mitnichten, daß sie im strengen Sinne gläubig wären. Religiöse Traditionen spielen nur an kirchlichen Feiertagen und bei Heiligenfesten eine Rolle, die mit geradezu heidnischer Extravaganz begangen werden.

Während man sich im nördlicheren Europa an Heiligentage allenfalls noch im Zusammenhang mit ein paar althergebrachten Bauernregeln über das Wetter erinnert (»Kalte Sophie«, »Siebenschläfer«), gibt es in Spanien jeden Monat ein Dutzend Heiligenfeste von herausgehobener Bedeutung. Jede Provinz, jede Stadt und jedes Dorf hat seinen besonderen Schutzheiligen oder seine Schutzheilige, deren Namenstag stets einen willkommenen Vorwand für eine ausgelassene Fiesta bietet.

Es gibt ungefähr genausoviele männliche wie weibliche Heilige, und bekanntlich werden bei den festtäglichen Umzügen die Heiligenfiguren unter großer Anteilnahme der Bevölkerung (»Endlich ist was los«, vor allem in den Dörfern) in aufwendigen Prozessionen durch die Straßen getragen. Die Statuen der Herren sind dabei vorzugsweise in mönchisches Grau, Braun, Schwarz oder

Naturweiß gehüllt, die Statuen der Damen glänzen dagegen meist in geradezu schillernder Farbenpracht. Oft sind deren bleiche, aber lebensecht bemalte Gesichter und Wangen mit dicken Tränentropfen bedeckt. Die Körper sind meist in kostbare blaue oder türkisfarbene Gewänder gehüllt und von weißen Schals oder Mantillas umgeben. Auf den Köpfen thronen silberne Krönchen, und das Ganze wird hinterfangen von einem goldenen Heiligenschein.

Santos und *Santas* werden an ihrem Namenstag zu einer bestimmten Stunde während des Tages oder in der Nacht in einem feierlichen Prozessionsumzug in der Umgebung ihrer Kirche auf den Schultern von zwölf starken Männern spazierengeführt, oftmals gefolgt von einer nicht minder großen Figur von Jesus Christus, Christus am Kreuz oder der Muttergottes.

Die Menschen strömen an Sonntagen nicht gerade zu Tausenden in die Kirchen; vielmehr ziehen sie es vor, während des Gottesdienstes drinnen, draußen herumzustehen und darauf zu warten, bis die Handvoll vorwiegend älterer Gläubiger wieder herauskommt. Die Neugierde konzentriert sich darauf, ob man an deren Gesichtern ablesen kann, ob sie drinnen etwas Erhebendes, spirituell Erleuchtendes oder sonstwie Erfreuliches erlebt haben.

Den ganz Jungen bleibt nach wie vor das Schicksal nicht erspart, den Katechismus auswendig zu pauken, damit sie im zarten Alter von acht Jahren die erste Heilige Kommunion empfangen können. Für all ihre Großeltern, Onkel, Tanten, Cousins und Cousinen ersten, zweiten und dritten Grades sowie für deren Familien und für die eigenen Eltern wieder einmal ein willkommener Vorwand für eine Fiesta, zu der auch der Priester auf eine Einladung hoffen kann.

Die Geschichte der spanischen Kirche ist unglücklicherweise aufs engste verknüpft mit der Erinnerung an unsägliche Grausamkeiten, die auf das Konto der Inquisition gehen.

Tomás de Torquemada (1420–1498) war der erste Generalinquisitor, und er erfreut sich im historischen Gedächtnis seiner Landsleute immerhin insofern eines gewissen Respekts, als er keineswegs langweilig war und stets mit großer Freude und Engagement seine frommen Werke verrichtete, auch wenn er zu den Menschen, die nicht an das glaubten, woran er glaubte, ziemlich fies sein konnte.

Nachweislich war er nicht der einzige seines Schlages, denn nach seinem Tod wurden die Verfolgungen fortgesetzt. Berechnungen haben ergeben, daß die spanische Nation in den Jahren zwischen 1471 und 1781 mit einer durchschnittlichen Quote von ungefähr tausend pro Jahr von Freidenkern »gesäubert« wurde. Die Gesamtzahlen für jene rund dreihundert Jahre belaufen sich auf 32 000 Menschen, die tatsächlich auf dem Scheiterhaufen verbrannt wurden, 17 000, die *in effigie* verbrannt wurden (das sind jene Unglücklichen, die ihren Geist bereits in den geistlichen Gefängnissen aufgegeben haben, bevor sie auf dem kirchlichen Grill geröstet werden konnten), und 291 000 Menschen, die sonstwie durch stets innovative Formen von Folter zu leiden hatten.

Heutzutage wird von der spanischen Kirche niemand mehr gefoltert, im Gegenteil, man blickt erwartungsvoll zum Vatikan in der Hoffnung auf jede Menge neuer Heiligsprechungen, um den Heiligenkalender mit neuen Festtagen, dem etwas anderen Vergnügen, bereichern zu können.

Kultur & Medien

Die Spanier haben großen Respekt vor intellektueller und ästhetischer Kultur. Belesenheit und Kunstsinn werden sehr ernst genommen und hochgeschätzt. Das Verlangen nach Bildung ist groß, und wer seine geistigen Fähigkeiten effektvoll zur Schau zu stellen vermag, kann sicher sein, dafür Beifall und Bewunderung einzuheimsen. Wenn eine junge Frau als Blaustrumpf bezeichnet wird, ist dies keineswegs spöttisch gemeint, sondern gilt vielmehr als Kompliment.

Wenn man als Ausländer von den Spaniern respektiert werden will, sollte man sich ganz schnell einige Grundkenntnisse über spanische Kunst und Literatur aneignen. Denn wenn man Umgang mit Einheimischen pflegt, die wenigstens über ein Minimum von Bildung und Intelligenz verfügen, werden sie es sehr schnell durchschauen, falls man sich diesbezüglich als kompletter Ignorant erweist – und sie werden einen dementsprechend behandeln.

Es wird nicht von einem erwartet werden, daß man Gedichte von Aleixandre, Alberti, Cernuda, Diego, Guillen oder García Lorca auswendig hersagen kann, aber wenn man es kann, werden sich die Spanier außerordentlich geschmeichelt fühlen. Was sie aber auf jeden Fall erwarten, ist, daß man etwas dazu zu sagen hat.

Das vermutlich am häufigsten zitierte Gedicht der spanischen Sprache (man vergesse nicht die spanischsprachigen Literaturen Südamerikas!) heißt *La cogida y la muerte* (»Hornstoß und Tod«) und stammt von Federico García Lorca, der wegen seiner romantischen Neigungen während des Bürgerkriegs von den Faschisten erschossen wurde.

Es handelt sich um eine Art Klagelied, das nach dem Tod des Stierkämpfers Ignacio Sánchez Mejías verfaßt wurde und in einem sehr knappen Sinnbild all das zusammenfaßt, was sich für die Spanier um Tod, um Ruhm herumrankt und was ihnen dabei so wichtig ist.

Am Nachmittage um fünf Uhr.
Am Nachmittag war es um fünf Uhr genau:
Ein Knabe brachte das weiße Leintuch
am Nachmittage um fünf Uhr.
Ein Korb mit Kalk stand längst bereit
am Nachmittage um fünf Uhr.
Alles andre war Tod und nur Tod
am Nachmittage um fünf Uhr.

Das Gedicht hat nun noch weitere sechsundvierzig Verse, wobei in jedem zweiten Vers das »*Am Nachmittage um fünf Uhr*« wiederholt wird. Unter anderem heißt es darin:

Und ein Schenkel mit trostlosem Horn

Und der Stier nur erhobenen Herzens!

als mit Jod sich bezog die Arena

Von weither kriecht schon der Wundbrand

Lilienjagdhorn um grüne Weichen

Das am zweithäufigsten zitierte Gedicht – oder vielleicht sollte man eher Verschen sagen – ist eines, daß von den Schulkindern im Flüsterton zur Melodie der Nationalhymne gesungen wurde, als Franco noch an der Macht war, und es lautet wie folgt:

Franco, Franco
Hat 'nen weißen Po
Denn seine Frau, die Isabo
Wäscht ihn mit Ariel überm Klo.

Alles, was es über die spanische Kultur sonst noch zu sagen gäbe, fällt zwischen diese beiden Extreme literarischer Hervorbringungen. Nicht unerwähnt sollte bleiben, daß zu den stärksten literarischen Einflüssen während der Kinderzeit die Brüder Grimm, Hans Christian Andersen und der französische Fabeldichter Jean de La Fontaine zählen.

Man wird sich allerdings nicht damit begnügen können, zu wissen, daß Cervantes oder Pérez Galdós die populärsten spanischen Schriftsteller, Velásquez, Goya, Dalí, Miró und Picasso die berühmtesten Maler, de Falla, Granados und Rodrigo die besten Komponisten und

Calderón de la Barca, Agustín Moreto y Cavena, Tirso de Molina und Lope de Vega die großen Dramatiker des goldenen Zeitalters waren. Das lernt schließlich schon jedes Kind in der Schule.

Die internationalen intellektuellen Cliquen diskutieren vielmehr, ob die Romanciers unter Franco – Max Aub, Pío Baroja, Torrente Ballester, Camilo José Cela, Miguel Delibes oder Luis Marín Santos – eher eine sozialrelevante Literatur hervorgebracht haben als die Schriftsteller und Schriftstellerinnen der nachfranquistischen Ära wie etwa Juan Benet, Rosa Chacel, Antonio Gala, Muñoz Molina, Manuel Vásquez Montalban oder Terenci Moix.

Oder ob die Filme von Almódovar, Arillán, Berlanga, Buñuel, Camus, Vicente Erice, Pilar Miró oder Carlos Saura höherzuschätzen sind als ausländische Importe, da letztere selten in Originalversion gezeigt werden, sondern vielmehr in synchronisierter Fassung. Dies ist seit den Tagen Francos so üblich, der einschlägige Vorschriften erlassen hatte, wohl um die Zensur zu erleichtern.

Es gibt allerdings einen Aspekt der internationalen literarischen Kultur, den die Spanier verwirrend und amüsant zugleich finden: Wenn ein Spanier etwas über ein anderes Land erfahren will, so greift er zur Literatur des betreffenden Landes und liest, was beispielsweise Deutsche über Deutschland, Engländer über England geschrieben haben. Immer wieder sind sie verblüfft zu erfahren, daß das, was Ausländer über Spanien und die Spanier gelesen und demzufolge zu wissen glauben, aus der Feder ihrer eigenen Autoren stammt – oder aus Hemingways berühmtem Roman *Fiesta*.

In den meisten bildungsbürgerlich geprägten Haushalten Spaniens wird man immer Werke der großen klassischen Literaturen Europas, von Shakespeare über La Fontaine bis hin zu Goethe und Dickens auf den Bücherregalen finden und daneben selbstverständlich eine persönliche Auswahl von wichtigen Romanen der zeitgenössischen amerikanischen und europäischen Autoren.

In wie vielen deutschen Wohnungen jedoch, so fragen sich die Spanier, gibt es ein paar Bücher von Benito Peréz Galdós oder des Nobelpreisträgers Camilo José Cela?

Zeitungen & Zeitschriften

Die Spanier sind keine leidenschaftlichen Zeitungsleser. Die Zeitungen mit den größten Auflagen (alle unter 400 000) sind *El País*, *ABC* und *La Vanguardia,* und es gibt offensichtlich keinen Bedarf für eine Boulevardpresse, die im Privatleben der Angehörigen des spanischen Königshauses oder der nationalen Fußball- und Medienstars herumwühlt oder die sexuellen Verfehlungen unglückseliger Landpfarrer auf den Titelseiten breittritt.

Es gibt einige Wochenzeitschriften, die ausführliche politische und wirtschaftliche Hintergrundartikel publizieren und im selben Heft über ein attraktives Centrefold verfügen. Es ist ja nichts Neues, das auch enrstzunehmende Geschäftsleute ein bißchen Anregung beim Kaffeegenuß nicht verschmähen.

Musik & Tanz

Der *cante jondo*, eine mindestens vierhundert Jahre alte Gesangsform, erfreut sich großer Beliebtheit und Wertschätzung. Die Fans des *cante jondo* werden jedem die Unterstellung verbieten, es handle sich dabei einfach um das ewig lange Aushalten einer einzigen Note, und das sei etwas, was schließlich jeder könne, der genug Atem hat.

Beim *cante jondo* wird in der Tat praktisch nur eine einzige Note gesungen, und sie wird wirklich ewig lang ausgehalten, aber gleichzeitig erzählt einem der Sänger dabei ganze Geschichten über Liebe, Trauer, Verzweiflung, Ehre, Verrat, Tod, gebrochene Herzen, Kummer, Unglück, Schmerz, Bedauern, Krisen, Einsamkeit, Lebensmühen, Klagen, seelische Wunden, falsche Anschuldigungen, Schicksalsschläge, Katastrophen, den Wertverlust der Peseta, Probleme mit Schwiegermüttern, allgemeine Verzweiflung und graue Haare.

Wenn sie nicht gerade leidenschaftliche Lieder singen, tanzen die Spanier leidenschaftlich: die *sevillana*, einen Tanz mit einem komplizierten Rhythmus und voller anmutiger Ausdruckskraft, der eine Beziehung voller Liebe und Haß bei einem leidenschaftlichen sevillanischen Paar darstellt (einige hingehauchte Küsse, flüchtige Begegnungen, jede Menge wildes Getrampel mit den Füßen und wenn-Blicke-töten-könnten); den *flamenco*, eine außer Rand und Band geratene Sevillana, bei der Männer und Frauen mit ihren hohen Absätzen bis zur Erschöpfung um die Wette trommeln; die *jota*, ein fröhliches Hüpfen, Hopsen und Springen; die *sardana*, ein faszinierender, aber sich ständig wiederholender Tanz in

Kreisbewegungen aus Katalonien; und schließlich der *fandango*, die sehr viel lebhafterer andalusische Version des vorhergenannten, wiederum begleitet von heftigem Füßestampfen und jeder Menge Kastagnetten.

Rock

Die städtische Jugend Spaniens ist nicht frustriert genug, um die richtigen Aggressionen für gewöhnlichen Rock aufzubringen. Originäre Rockbands gibt es daher in Spanien kaum. Was sich hierzulande jedoch steigender Beliebtheit erfreut, ist eine Musik auf der Basis von Rock, zu der unaufhörliches rhythmisches Händeklatschen und der wild vibrierende Gesang des Flamenco hinzutreten. Das Ganze nennt sich *rock-con-raíces*, was etwa mit Folk-Rock zu übersetzen wäre. Jedenfalls entspricht er bestens dem Bedürfnis der Spanier nach aufreizender und überschwenglicher Musik.

Folk-Rock wird daher – mehr oder weniger gut, auf jeden Fall aber immer sehr laut – auf allen möglichen Fiestas gespielt, zusammen mit den unvermeidlichen traditionellen Volkstanz-Darbietungen. Diese gehören zum eisernen Bestand jeder von offizieller Seite organisierten Kulturveranstaltung, weil die federführenden Kulturämter selbst der kleinsten Dörfer immer ein paar einheimische Freiwillige finden, die sich gerne produzieren, und die Gemeindekasse nicht mehr als ein Faß Wein dafür ausgeben muß.

Feiern & Feste

Urlaub

Was sich eine normale spanische Familie unter Urlaub vorstellt: in aller Herrgottsfrühe (so gegen Mittag) mit sämtlichem Zubehör, dessen man habhaft werden kann, an den Strand zu gehen und bis Sonnenuntergang dort zu bleiben. Zum unabdingbaren Zubehör zählen: Wattstarke Gettoblaster, die, je nach Situation, das übliche Geschreie und Gelärme übertönen oder den Hintergrund dafür abgeben; so kommt man beschwingt durch den Tag und kann vor allem alle anderen wissen lassen, daß man sich prächtig amüsiert. Tragbare Grillgeräte sind ebenfalls ein Muß, genauso wie riesige Paellapfannen und ausladende Zelte, in denen eine zweiundzwanzigköpfige Familie vor jenen Stürmen Zuflucht suchen kann, die unter Spaniens Sonne doch nie am Horizont auftauchen.

Obwohl Zelten und Camping an vielen Stränden ausdrücklich verboten sind, wird diese Vorschrift von den Spaniern einfach ignoriert, und es hat auch niemand etwas dagegen, außer dem einen oder anderen pedantischen Ausländer, der meint, der Strand gehöre nur ihm. Man wird ihn einladen, an der Party teilzunehmen, wobei er sich höchstwahrscheinlich schwer betrinken und am Ende mehr Krach als jeder andere machen wird.

In den letzten Jahren haben für die Urlaubsgestaltung der Spanier Auslandsreisen zunehmend an Bedeutung gewonnen, da andere Kontinente neue Erfahrungshorizonte eröffnen und sich jedermann die billigeren Pauschalreisen leisten kann.

Eine ältere Dame, die in einem winzigen Kiosk in Granada, der im Winter zugig und eiskalt und im Sommer heiß wie ein Backofen ist, Süßigkeiten und kleines Plastikspielzeug verkauft, meinte nach einer zweiwöchigen Reise den Amazonas hinauf: »Das ist die Sache dort wert, fünfzig Wochen im Jahr hier eingesperrt zu sein, wenn man dann einmal im Jahr wie eine Taube fliegen kann.«

Feiertage

Jeder Kalendertag ist der Namenstag eines Heiligen, so daß stets irgendwo in Spanien ein Grund für eine zünftige Fiesta gegeben ist. Weder San Salustiano, San Buenaventura, San Saturninio noch Santa Obdulia, Santa Bibiana oder Santa Aurelia werden dabei vergessen.

Alles öffentliche Leben kommt zum Erliegen, und alle feiern mit. Sollte es sich bei der Ortschaft zufällig um einen wichtigen Verkehrsknotenpunkt oder ähnliches zwischen zwei größeren Städten handeln, so wird auch dort alles zum Erliegen kommen.

Natürlich weiß niemand ganz genau, wann die jeweiligen Heiligentage wo gefeiert werden, also ist es ratsam, davon auszugehen, daß Feiertage vom 1. August bis zum 31. Juli des folgenden Jahres abgehalten werden.

Stierkämpfe

Den Spaniern wird in der Volksmeinung unterstellt, sie seien grausam im Umgang mit Tieren. Das stimmt nicht.

Es mag vorkommen, daß man einen Bauern dabei beobachtet, wie er Steine nach einem streunenden Hund wirft, der in seiner Avocadoplantage herumstreicht, aber zu seinen eigenen Tieren wird sich der Spanier immer freundlich verhalten.

Der diesbezügliche Ruf, barbarisch zu sein, ist, natürlich, auf den Stierkampf zurückzuführen. Die Spanier schämen sich keineswegs für ihre intensive Anteilnahme daran, sondern halten es für etwas ganz Selbstverständliches. Sie sehen durchaus einen Unterschied zu den für ihre Tierliebe berühmten Engländern, die eine Hundemeute auf unschuldige Füchse hetzen und dabei sicher zu Pferde sitzen, und einem Spanier, der tapfer ein gewaltiges und gefährliches Tier mit nicht mehr als einem Degen in der Hand tötet.

Stierkampf wird in Spanien als eine Kunst betrachtet, ergo werden die Journalisten, die in den Tageszeitungen darüber berichten, nicht Sportreporter, sondern Stierkampfkritiker genannt, und ihre Artikel unterstehen der Redaktion des *jefe de cultura*, des Feuilletonleiters.

»Die Corrida ist ein Ritus, bei dem Heldentum und Schönheit, die dem westlichen Europa verlorengegangen sind, in beglückender Weise als unauflösbar miteinander verbunden gesehen werden können.« Dieses Urteil aus berufenem Mund stammt von einem der bedeutendsten Theaterkritiker Englands. Alexandre Dumas, der Autor von *Die drei Musketiere*, war von einem Stierkampf so tief bewegt, daß er sagen konnte, er habe »nichts von dem Abscheu empfunden, auf den man mich vorbereitet hatte. Ich, der ich es nicht ertragen kann, zuzusehen, wenn ein Koch ein Huhn tötet, konnte meine Augen nicht von dem Stier losreißen, der bereits drei Pferde zur Strecke gebracht und einen Menschen schwer verwundet hatte.«

Ganz anderer Meinung war hingegen der Herzog von Wellington, der den Feldzug gegen Napoleon in Spanien geführt hatte. Als er kurz nach der Schlacht von Trafalgar einem Stierkampf beiwohnte, hielt er den Tod zweier Toreros, die von Stierhörnern durchbohrt waren, für eine Art höhere Gerechtigkeit, und die Blutrünstigkeit der Zuschauer veranlaßte ihn dazu zu sagen, »er fände es nicht unerfreulich, wenn sie ebenfalls in die Arena geworfen würden«.

Wenn Sie einer Corrida beiwohnen wollen, sollten Sie auf jeden Fall daran denken, ein weißes Taschentuch sowie eine sehr dunkle Sonnenbrille mitzunehmen.

Das weiße Taschentuch ist dazu da, gemeinsam mit der applaudierenden Menge seine Anerkennung für die Tötung des Stiers auszudrücken und dem siegreichen Matador zum Gewinn der begehrten Trophäen zu verhelfen, als da sind: ein Ohr, zwei Ohren oder der Schwanz.

Der Präsident des Kampfes, üblicherweise der Bürgermeister oder sonst einer der politischen Würdenträger, gewährt eine der Trophäen je nachdem, wie groß das

Meer an weißen Taschentüchern ist. Die dunkle Sonnenbrille sollte jedenfalls dann getragen werden, wenn besagtes Ohr, beide Ohren oder der Schwanz vom Kadaver des Tieres abgetrennt werden. Dieser Anblick ist nichts für Menschen mit schwachen Nerven.

Bei der ganzen Angelegenheit sollte man stets daran denken, daß ein Kampfstier, der sein ganzes Leben lang darauf trainiert wurde, einen Menschen zu töten, es gar nicht abwarten kann, seine spitzen Hörener in das Hinterteil von jemandem zu rammen, der, in einen glitzernden »Anzug aus Licht« gekleidet, vor seiner Nase herumtänzelt und mit großartiger Geste die rote *capa* schwingt. Trotzdem: Auch solch einem Stier mag es lieber sein, mit heiler Haut davonzukommen; die einzige Möglichkeit dazu ist, den Kampf zu verweigern, was viele Stiere auch tun.

Andererseits hält sich hartnäckig der Glaube, die meisten Stiere hielten den Tod für eine Erlösung vom Getöse der Blaskapelle, die während des Kampfes ohne Unterlaß die schaurigsten Pasodobles schmettert.

Aber geben wir das letzte Wort in dieser Angelegenheit Ernest Hemingway, dem selbsternannten Stierkampf-Aficionado Nummer eins: »Den Stierkampf hat es herkömmlicherweise nicht um der ausländischen Besucher und Touristen willen gegeben, und alles, was unternommen wird, um ihn in irgendeiner Weise abzumildern und ihn dadurch erträglicher zu machen, würde dahin führen, ihn vollends zu unterdrücken.«

Und wenn es etwas gibt, was die Spanier gar nicht leiden können, dann ist es Unterdrückung.

Feuerwerke

Da die Spanier von allem, was mit Feuer und Krach zu tun hat, regelrecht besessen sind, ist der Beruf des Pyrotechnikers einer der auskömmlichsten im ganzen Land, sofern man es gelernt hat, mit der Angst zu leben.

In Valencia wird alljährlich das große Fest der *fallas* (Freudenfeuer) begangen, bei dem ungefähr 76 000 Kilogramm Feuerwerk verpulvert werden. Zum Abschluß dieses Festes erwartet man ein gehöriges Donnergetöse.

Das ganze Jahr hindurch bauen die *falleros*, die Feuerwerker, riesige Pappmaché-Figuren zusammen, mit denen herausragende Ereignisse und Personen des Jahres karikierend dargestellt werden, wie bei uns für die Rosenmontagsumzüge. Einziger Zweck dieser bis zu drei Stockwerke hohen Figurenensembles ist es, am Tag des Festivals in der Stadt aufgestellt und niedergebrannt zu werden.

Jedesmal kommt es dabei zu Unfällen, bei denen Menschen verletzt werden, aber das gehört für die Spanier einfach dazu und wird als nervenkitzelsteigernd betrachtet. Ja, man hat daran so viel Gefallen gefunden, daß in der nahe gelegenen Stadt Paterna die Kunst der *corda* noch weiter perfektioniert wurde. Von einer dicht gedrängten Masse von Menschen, die alle mehrere Schichten von Kleidung sowie aus Netzgewebe gefertigte Masken und schwere Stiefel tragen, werden innerhalb von fünfundzwanzig Minuten auf der Hauptstraße 35 000 Feuerwerkskörper gezündet.

Freizeit & Vergnügen

Autofahren

In Spanien kommt das Autofahren einem Hasardspiel gleich.

Dafür gibt es eine Reihe von Gründen. Der Hauptgrund dürfte darin liegen, daß die Spanier das Autofahren als Spaß betrachten und sich jedesmal mit demselben unverminderten Enthusiasmus hinter das Steuer ihres Wagens setzen, den ein Sechsjähriger an den Tag legt, der zum ersten Mal in seinem Leben auf einem Rummelplatz einen Autoscooter besteigt.

Unter Franco konnten sich nicht viele Familien einen Wagen leisten. In den größeren Städten benutzten die Menschen öffentliche Verkehrsmittel, oder sie gingen zu Fuß, und auf dem Lande bewegte man sich mit dem Maultier oder zu Pferd und mit Karren oder Kutsche fort. Zunächst wurden die Maultiere durch Motorroller oder Motorräder ersetzt. Dann entwickelte sich die Autoindustrie, und innerhalb sehr kurzer Zeit schaffte sich jedermann einen Wagen an. Sechzigjährige, die niemals in ihrem Leben ein Auto gefahren hatten, kreuzten nun in teuren Mercedes und Audis durch die Straßen; die Jüngeren schafften sich turbogetriebene Renaults mit aufwendigen Stereoanlagen an, um die Umwelt mit lauter Popmusik zu verpesten.

Jedermann hatte es so eilig, die neugebauten, sehr schönen Autobahnen auf und ab zu rasen, mit denen sich der Staat beeilte, das Land zu beglücken, daß niemand sich um einen Führerschein scherte, ganz zu schweigen von der dafür notwendigen Fahrprüfung oder um eine obligatorische Versicherung. In kleineren Gemeinden, wo man es mit polizeilichen Prozeduren nicht so genau nimmt, kann es vorkommen, daß nach wie vor die Hälfte der Bevölkerung »illegal« Auto fährt.

An wichtigen Feiertagen, wenn ganze Stadtteile sich ins Auto setzen, um andere Stadtteile zu besuchen, steigt die Todesrate im Straßenverkehr in erschreckender Weise an. Am stärksten gefährdet sind dann die Touristen aus den nördlichen Ländern. Aufgrund ihrer disziplinierten, an Regeln gewöhnten Mentalität können sie sich gar nicht vorstellen, daß jemand die Verkehrsregeln aus Unwissenheit oder Unkonzentriertheit außer acht läßt. Eine falsche Erwartung mit fatalen Folgen.

Deutsche und Franzosen werden am häufigsten in Unfälle verwickelt, weil sie fälschlicherweise davon ausgehen, daß andere Verkehrsteilnehmer an roten Ampeln stehen bleiben oder nach links abbiegen, wenn sie den linken Blinker angemacht haben.

Die Briten, stets auf der Hut und allzeit bereit, wie es nun einmal ihre Art ist, wägen sämtliche Optionen, die der vor ihnen Fahrende gewährt, sorgfältig ab, und müssen folglich seltener Zusammenstöße erleiden.

Eine durchgezogene weiße Linie in der Mitte der Straße, deren Bedeutung europaweit anerkannt ist, bietet keine Garantie dafür, daß einem nicht zwanzig Verrückte auf der eigenen Fahrspur entgegenkommen, die partout unter Beweis stellen wollen, daß ihr Seat Panda genauso schnell fährt wie der Lamborghini mit Schweizer Kennzeichen, der gerade mit deutlicher Überschreitung der erlaubten Höchstgeschwindigkeit an einem vorbeigezischt ist.

Man sollte nicht davon ausgehen, daß Zebrastreifen hierzulande Fußgängern irgendwelche Vorrechte verschaffen. Sie sind allenfalls ein Anzeichen dafür, daß der Stadtrat sich über die Tatsache im klaren ist, daß auch ältere Mitmenschen von Zeit zu Zeit das Bedürfnis haben, eine Straße überqueren zu wollen, und daß man sich einige Mühe gegeben hat, dies auch Autofahrern zu signalisieren. Zebrastreifen gelten hier als diejenigen Stellen, wo es Fußgängern erlaubt ist zu warten, bis ihnen die Autofahrer das Recht, die Straße zu überschreiten, gewähren. Kein Spanier, der einigermaßen bei Verstand ist, wird je daran denken, sie benutzen zu wollen, denn jeder weiß aus Erfahrung, daß der bloße Anblick jeglichen Gebots- oder Verbotszeichens genügt, um automatisch die gegenteilige Reaktion hervorzurufen.

Bei diesem Thema sollte allerdings nicht unterschlagen werden, daß die Fußgänger in Spanien ebensolche Verkehrshasardeure sind wie die Autofahrer, wahrscheinlich aufgrund der dem Spanier eigenen Geringschätzung von Gefahren. Wenn er vom Bordstein auf die Straße tritt, sieht der spanische Fußgänger, egal ob männlich oder weiblich, jung oder alt, keinen Peugot 204 mehr auf sich zukommen, sondern einen schnaubenden Stier.

Mit dem Geschick eines geübten Toreros weicht der Spanier in letzter Sekunde dem herannahenden Fahrzeug aus, dreht sich eventuell wie ein selbstverliebter Banderillero (das ist derjenige, der dem Stier Speere ins Genick stößt) um seine eigene Achse und erreicht auf diese Weise sicher die andere Straßenseite, wobei er keinerlei Gedanken darauf verschwendet, daß er unterwegs beinahe einige Frontal- und Auffahrunfälle verursacht hätte.

Als das Gesetz in Kraft trat, welches das Anlegen von Sicherheitsgurten für Autofahrer und das Tragen von Helmen für Motorradfahrer zur Pflicht machte, konnte man zwei Wochen lang überall Motorradfahrer, die stolz ihre brandneuen Helme zur Schau trugen, beobachten, und die Autofahrer ließen beglückt ihre Gurtschlösser einschnappen. Es war eine völlig neue Sache, die Spaß machte. Sicherheitsgurte können allerdings auch lästig werden, besonders nach einer reichlichen Paella zum Mittagessen, und außerdem sorgte die Sache mit den Helmen für unglaubliche Verwirrung. Mit einemmal mußte Paco feststellen, daß ihn nicht einmal seine eigene Mutter wiedererkannte, als er auf seiner Vespa an ihr vorbeidonnerte, und seine Freunde ihm nicht mehr zuwinkten oder ihn, was noch schlimmer war, erst zu spät erkannten, was dazu führte, daß er sich umdrehen mußte, um den Gruß erwidern zu können. Dadurch abgelenkt, fuhr er unweigerlich auf den vor ihm fahrenden Wagen auf, der plötzlich hatte bremsen müssen, um einem zwölfjährigen Matador ausweichen zu können.

Aber es kam noch schlimmer. Nachdem Soledad einen hibiskusfarbenen Helm gekauft hatte und Concepción einen lavendelfarbenen, beschlossen sie eines Tages spontan, die Helme zu tauschen, weil die Farben nicht zu ihren Kleidern paßten. Die Folge davon war, daß jeder der falschen Person zuwinkte, was zu noch mehr Verwirrung und weiteren Unfällen führte.

Aber inzwischen ist alles unter Kontrolle. Niemand schert sich mehr darum, einen Gurt anzulegen oder einen Helm zu tragen. Es hatte sich herausgestellt, daß das doch nicht so viel Spaß macht.

Wenn man als Autofahrer in Spanien vorankommen und überleben will, sollte man die Straßenverkehrsordnung vergessen und sich auf seine natürlichen Instinkte verlassen.

Wenn man als Fußgänger überleben will, sollte man erst gar nicht die Straße betreten.

Fernsehen & Rundfunk

In Europa stehen die Spanier hinsichtlich der Fernsehbeteiligung nach den Engländern an zweiter Stelle. Es gibt praktisch in jedem Haushalt ein TV-Gerät. Selbst in Andalusien, wo es bekanntlich im Sommer sehr heiß wird, legen sich die Leute einen Fernseher zu, noch bevor sie einen Kühlschrank kaufen. Auf den Fernseher zu gucken macht einfach mehr Spaß.

Obwohl es insgesamt neun verschiedene spanische Programme gibt, können in den meisten Gebieten nur fünf empfangen werden. Am populärsten sind Quizsendungen und Talkshows – die man hier eher Quasselshows nennen sollte.

Die Nachrichtensendungen sind, sowohl was die Inlands- als auch was die Auslandsberichterstattung anbelangt, ziemlich ausführlich und von gehobenem Niveau. Außerdem gibt es darin stets Beiträge über Kulturereignisse, etwa über Oper und Ballett. Bei den Nachrichtensprechern und Nachrichtensprecherinnen handelt es sich durchweg um attraktive und optimistisch wirkende Menschen, so daß man auch bei schlechten Nachrichten das Gefühl hat, so schlimm könne es denn doch nicht sein.

Außerdem werden die Programme mit Familienserien und Seifenopern nord- bzw. südamerikanischer Provenienz gefüllt, (die in der Umgangssprache als *culebrones*, das sind Riesenschlangen, bezeichnet werden) sowie mit amerikanischen, britischen und spanischen *sitcoms*, den beliebten Situationskomödien, bei denen ein Gag den anderen jagt. All diese Sendungen werden von zahllosen Werbespots für Autos unterbrochen, bei denen die anzupreisenden Produkte in rasanter Fahrt und mit heulenden Motoren gezeigt werden, um dem Zuschauer zu vermitteln, in was für aufregende Gefahren er sich begeben kann, wenn er sich hinter das Steuer dieses Wagens setzt.

Da die Spanier hinsichtlich des Sexgenusses keine falsche Scham kennen, gibt es im Fernsehen diesbezüglich keinerlei Zensur. Paare, die sich lustvoll paaren, können daher zu jeder Tages- und Nachtzeit auf allen Kanälen von allen Altersgruppen gesehen werden. In der Praxis sieht es so aus, daß die Jüngeren gelangweilt gähnen, wenn auf diese Weise ein ansonsten ganz spannender Film unterbrochen wird, wohingegen ihre Eltern die

Lautstärke hochdrehen, wenn Freudenschreie, schweres Atmen und unverständliches Gemurmel zu hören ist.

Die Anfangszeiten der Sendungen werden zwar auf den Programmseiten der Zeitungen und Zeitschriften abgedruckt, aber sie können von Zeitung zu Zeitung unterschiedlich sein oder stimmen nicht mit dem überein, was man auf dem Bildschirm zu sehen bekommt. Nur weil die Hauptnachrichtensendung am Abend um 22.00 Uhr ausgestrahlt werden soll und dies auch so angekündigt ist, heißt das noch lange nicht, daß sie dann auch gesendet wird. Manchmal fängt sie erst um 22.05 Uhr oder um 22.10 Uhr an, bisweilen auch erst fünfzehn Minuten später, je nachdem, wie lange die Geschichte gedauert hat, die ein befreundeter Kollege dem Nachrichtensprecher beim Kaffeetrinken in der Kantine noch schnell fertigerzählen wollte.

Einige Sendungen werden erst mit einstündiger Verspätung ausgestrahlt, ohne daß es dafür eine Erklärung oder gar Entschuldigung gäbe. Andere entfallen einfach ersatzlos, mit der einzigen Folge, daß drei Millionen enttäuschte Zuschauer im ganzen Land praktisch gleichzeitig mit den Achseln zucken.

Aus den spanischen Radios pulsieren den ganzen Tag über zungenfertiges Nonstopgerede und Folk-Rock, sowohl aus Madrid wie auch von lokalen Radiostationen. Zu keiner Tageszeit braucht man sich Hoffnungen auf etwas entspannendere Musik zu machen, nicht einmal während der Siesta, wenn die Diskjockeys sozusagen auf Autopilot umschalten und Popmusik gesendet wird, während sie sich Ohropax in die Ohren stecken.

Sex

In Spanien vibriert alles vor Erotik.

Es gibt nichts, aber auch gar nichts, was in Spanien den Genuß der Geschlechter aneinander verhindern oder zügeln könnte. Es ist eine allseitig akzeptierte Tatsache, daß sowohl Männer als auch Frauen Lust an der Liebe haben, und das mag ein Grund dafür sein, warum es so wenige Sexualstraftaten in diesem Land gibt. Als pervers kommt hier allenfalls ein Puritaner in Frage, dem von frühester Kindheit an Angst vor den Sünden des Fleisches eingejagt wurde.

Die Spanier lassen während ihres ganzen Lebens Dampf ab – eine pure Notwendigkeit –, und keiner findet das unnormal oder unnatürlich. Im Gegenteil, es ist ja etwas, das sehr viel Spaß bereitet.

Die Kirche hat keine Möglichkeit mehr, die Freude der Menschen am Sex zu unterdrücken. Sämtliche diesbezüglichen Verdikte aus Rom werden ignoriert, und in vielen entlegenen Gemeinden, wo das zwanzigste Jahrhundert ansonsten noch nicht so recht Einzug gehalten hat, ermuntern die Dorfbewohner ihren Priester, sich eine Geliebte zuzulegen, damit sie sich keine Sorgen machen müssen, wenn ihre Töchter zur Beichte gehen.

Eine Begegnung zwischen Mann und Frau mit ein wenig *piropear* (schmeichelhafte Worte, kokettes Flirten) zu beginnen ist der traditionelle Eröffnungschachzug für den etwas älteren und gewandten *caballero*, die spanische Ausgabe eines Gentleman. Jede spanische Frau weiß, wie man Komplimente taktvoll entgegennimmt, und alle spanischen Männer sind Experten darin, solche auszuteilen. Jeder weiß, daß man mit Schmeichelei dorthin gelangt, wo man hinmöchte. Das *piropear* ist der einfachste Weg, eine Frau wissen zu lassen, daß man sie attraktiv findet. Mann kann sich dabei einer Vielzahl von Wendungen und Zwischentönen bedienen, und Mann macht mitunter auf die zuvorkommendste Weise davon Gebrauch, um die Wirkung einer Frau, die ihm gefällt zu beschreiben. Zum Beispiel: »Dein Hals, meine Liebe, ist so reizend und die Haut so zart, daß man das Wasser durch deine Kehle rinnen sieht, wenn du trinkst.«

Die jüngeren Spanier werden sich überwiegend nicht mehr solch ausgefeilter Eloquenz befleißigen und sich statt dessen eines eher deutlichen Pfiffes bedienen. Solange er nicht wirklich verliebt ist, wird er die Tendenz haben, seine Männlichkeit hervorzukehren, er wird zu verbergen suchen, daß er gefühlvoll, ja sentimental sein kann, und er wird bestrebt sein, das Minimum an Zeit zu erreichen, daß er für das Zusammensein mit einer Frau benötigt, wie etwa Don Juan :

Ein Tag, um ihr Herz zu gewinnen.
Ein Tag, um ihr Bett zu gewinnen.
Einer, um sie zu verlassen.
Eine Stunde, um sie zu vergessen.
Zwei Tage, um sie zu ersetzen.

Der Anblick eines ungewöhnlich stark entblößten spanischen Mädchens wird ihn zwar in eine gewisse freudige Aufregung versetzen, aber er wird ihr ziemlich sicher zurufen: »Wenn du es nicht verkaufen willst, deck's lieber zu!« Daselbe würde er zu einer Ausländerin jedoch nicht sagen.

Denn auf der anderen Seite wird es im allgemeinen für ziemlich gehalten, die spanischen Mädchen zu beschützen und ihre Unschuld so lange wie möglich zu bewahren, während ausländische Mädchen als Freiwild gelten.

Auf dieser Liste stehen die Engländerinnen ganz obenan, wahrscheinlich weil so viele von ihnen nach Spanien kommen, dicht gefolgt auf Rang zwei von den Amerikanerinnen. Die Deutschen nehmen die ganze Angelegenheit ein wenig zu ernst, die Skandinavierinnen gelten im Umgang als zu pingelig, die Französinnen reden zuviel und haben die unschöne Angewohnheit, Leistungsvergleiche anzustellen. Der Vorzug wird den Brasilianerinnen, Argentinierinnen, Kolumbianerinnen und anderen Südamerikanerinnen gegeben, da sie wissen, wie man das Spiel spielt. Am Anfang wird den Männern die Eroberung reichlich schwer gemacht, wobei doch stets eine Aussicht auf Sieg besteht. Das funktioniert aber nur, weil sie fern von daheim sind.

Vom Standpunkt der spanischen Frau aus gesehen, kann ein Ausländer in puncto Sinnlichkeit kaum etwas bieten, was sie nicht auch bei einem spanischen Mann finden könnte, also könnten es allenfalls nichtkörperliche Eigenschaften sein (Humor, Lebensfreude, Geld), damit sie Zuneigung zu ihm gewinnt.

Obwohl eine Straße voller hupender Autos, aufheulender Motorräder, ratternder Preßluftbohrer, kreischender Kreissägen und unaufhörlichem Geschrei nicht zu den Dingen gehören, die einen Spanier aufhorchen lassen, werden die Menschen in Spanien stehen bleiben und aufmerksam lauschen, wenn in einer nächtlichen Straße das lustvolle Stöhnen eines Paares kurz vor dem Höhepunkt aus irgendeinem halb geöffneten Fensterladen oder hinter einem Balkon herausdringt.

Essen & Trinken

Da die Spanier keinerlei Zeitgefühl haben und keinen Gedanken auf irgendwelche Termine verschwenden, kann es sich jedermann nach Belieben aussuchen, wann die Mahlzeiten eingenommen werden.

Wenn man sich als Ausländer entgegen gut gemeinter Ratschläge dennoch dafür entscheidet, bei sich zu Hause eine Dinnerparty zu geben, sollte man die spanischen Gäste bereits zwei Stunden vor der Zeit einladen, zu der man das Essen zu servieren gedenkt.

Man sollte von vornherein davon Abstand nehmen, schwierig zuzubereitende warme Gerichte auftischen zu wollen, ja man sollte warme Gerichte generell vermeiden, denn selbst falls die Gäste zur angegebenen Zeit eintreffen, werden sie sich unablässig darüber unterhalten, wie ihnen *das* gelungen ist und die ihnen vorgesetzten aufwenig gekochten Speisen gar nicht richtig zu würdigen wissen.

Der spanische Sinn für Pünktlichkeit oder vielmehr das Fehlen jeglichen Sinns dafür beeinflußt natürlich auch die Eßgewohnheiten. Jeder spanische Oberkellner kann ein Lied davon singen. Eine Tischreservierung in einem Restaurant wird er so lange für unverbindlich halten, bis die Gäste tatsächlich Platz genommen und ihre Servietten auseinandegefaltet haben.

Restaurantköche in Spanien wissen, daß sie bis drei Uhr morgens am Herd stehen müssen.

Die Unfähigkeit, pünktlich zu erscheinen, ist wohl auch der Grund dafür, warum die *paella*, das spanische Nationalgericht, so beliebt ist. Der Anbau von Reis und althergebrachte Rezepte, die angeblich bis auf die maurische Zeit zurückgehen, haben damit nichts zu tun. Die *paella* ist eine Art Gottesgeschenk für die spanische Küche, denn all ihre Zutaten können leicht lange im voraus zubereitet und warmgehalten werden, bis die Gäste eingetroffen sind. Dann braucht man sie nur noch heiß zu machen, während man den Gästen als ersten Gang ein *gazpacho*, die kalte Gemüsesuppe aus Tomaten, Zwiebeln, Gurken, Brot, Olivenöl und Knoblauch vorsetzt. Damit ist jedermann bestens zufriedenzustellen.

Die *paella* schließlich, jene Mischung aus gebratenen Hähnchenteilen, gekochtem Fisch, gedämpftem Tintenfisch, ungekochten Garnelen, Tomaten, Erbsen, rotem Paprika, grünem Paprika, alten Schuhsohlen, Safran und Reis, bietet die beste Garantie, daß niemand sagen kann, was eigentlich wie schmecken sollte, und keiner sich beklagen kann, wenn etwas zu lange oder zu kurz gebraten ist.

Der Gaumen der Spanier ist, verglichen mit dem der Franzosen oder der Italiener, ziemlich anspruchslos.

Was die Spanier gerne in großen Mengen konsumieren sind gebratener Fisch, gegrillte Meeresfrüchte, über offenem Feuer gebratenes Schweinefleisch, roh geräucherter Schinken (*jamón*), gebratener Tintenfisch (calamares), gegrillte Sardinen, über offenem Feuer gebratene Hähnchen, gebratene Paprikaschoten, gegrillte Sardellen und über offenem Feuer gebratene junge Tintenfische (pulpo) – das Ganze meistens ohne irgendwelche Saucen, aus denen sich niemand besonders viel macht.

Bei den üblicherweise zu Hause eingenommenen Mahlzeiten beginnt man morgens mit frisch gebackenem Brot, das stückweise in Olivenöl getaucht und in fein gehackten Koblauchstückchen gewendet wird, und dazu gibt es schwarzen Kaffee, zu dem man gegebenenfalls noch etwas Cognac oder Anisschnaps hinzufügt. Die Kinder essen gerne *churros*, das sind wurstförmige Krapfen, die in dickflüssige heiße Schokolade getaucht werden.

Zum Mittagessen, das niemals vor drei Uhr nachmittags eingenommen wird, gibt es *paella* oder Kartoffelchips (*patatas fritas*). Auch sie erfreuen sich des Status als spanisches Nationalgericht, weil die Kartoffeln ebenfalls lange im voraus gekocht werden können und lediglich ins siedende Olivenöl geschüttet werden müssen, wenn jemand Hunger hat.

Zum Abendessen, das niemals vor zehn Uhr abends gekocht wird, gilt dasselbe wie fürs Mittagessen.

Tapas hingegen sind geradezu als Lösung aller spanischen Ernährungsprobleme anzusehen. Eine ungeheure Vielzahl verschiedener Häppchen, die den ganzen Tag über in den meisten Bars angeboten werden: von Oliven, über aufgerollte Sardellen, jede Art von rohen Gemüsestückchen, heißen Würstchen bis hin zu gebratenem Ziegenfleisch.

Die große Mehrzahl der Stadtbewohner ißt längst keine regulären Mahlzeiten mehr, sondern die Männer ziehen nach der Arbeit durch die Bars, essen dort ihre *tapas* und trinken ein paar Schlückchen eiskaltes Bier dazu. Die Folge davon ist, daß sie spätabends nach Hause kommen und keinen besonderen Appetit mehr haben. Das erspart der Hausfrau die Mühe, die bereits fertig gekauften *patatas fritas* ins siedende Öl zu geben, wozu sie sowie keine große Lust hat, da sie selbst ein oder zwei *tapas* mit eiskaltem Bier zu sich genommen hat, als sie am Abend mit ihrer Freundin zum Shopping unterwegs war und deshalb inzwischen ebenfalls keinen besonderen Appetit mehr hat.

Ausgehen zum Essen

Zum Essen in ein Restaurant auszugehen wird in Spanien erst dann als etwas Besonderes betrachtet, wenn man mit einer großen Gruppe von Freunden dorthin geht oder eine Art Familienausflug veranstaltet.

Bei der Auswahl des Essens läßt man sich jede Menge Zeit, weil sich niemand die Freude daran verderben lassen will. In der Tat dauert es so lange, daß der Oberkellner gut beraten ist – und das ist er im allgemeinen –, wenn er einen großen Teller mit rohem geräuchertem Schinken und Manchego-Käse aus der Mancha in die Mitte des Tisches stellt, damit die Gäste schon etwas zu beißen haben, während sie die Karte hinauf- und hinunterlesen und ausgiebig das Für und Wider der Menüvorschläge diskutieren.

Wenn es sich bei den Gästen um eine Großfamile handelt, werden sich nach einiger Zeit der Vater oder der

Großvater Mühe geben, das Bestellverfahren ein wenig zu ordnen und die einzelnen Menüwünsche entgegenzunehmen. Da er selbst gerne in Öl gedünstete und mit Knoblauch und Paprika gewürzte Garnelen als Vorspeise ißt, wird er einfach für jeden eine Portion bestellen wollen. Da wird ihm jedoch sofort seine Frau in den Arm fallen, die darauf bestehen wird, daß für die fünf bis zehn Kinder am Tisch eine Knoblauchsuppe mit Croutons bestellt wird, wohingegen seine Schwiegertochter und ihr Mann nichts anderes haben wollen als einen Salat Niçoise mit Thunfisch obendrauf.

Da Papa eine Vorliebe für Fisch hat, wird Papa als nächsten Gang *chanquetes* bestellen, das sind winzige Sprotten, die kurz in Öl gebraten werden. Es ist in Spanien zwar aus ökologischen Gründen gesetzlich verboten, diesen Fisch zu essen, aber er wird in den meisten Restaurants angeboten, und man kann öfters hochrangige Guardia-Civil-Offiziere und Kabinettminister dabei beobachten, wie sie ihn sich wohl schmecken lassen.

Drei der anwesenden Töchter, die umweltbewußt, wie sie sind, derlei Dinge durchaus ernst nehmen, werden nachhaltig widersprechen und für sich lieber ein dreistöckiges Omelett mit je einer Lage Tomaten, Kartoffeln und Schinken bestellen, welches in Olivenöl gebraten und mit Knoblauch gewürzt wird. Obwohl Großpapa es besser wissen müßte, weil er Probleme mit seinen Zähnen hat, wird er darauf bestehen, gebackene Stierhoden zu bekommen, nur um seine drei um die Umwelt besorgten Enkelinnen zu ärgern.

Großmama wird sich wieder einmal für Rebhuhn in dicker Schokoladensauce entscheiden, das mit Olivenöl und Knoblauch übergossen wird, weil sie dieses traditionelle spanische Gericht zum letzten Mal kurz nach dem Ende des Spanischen Bürgerkrieges gegessen hat. Ihre kleinen Enkel, die die Mahlzeit gerne so schnell wie möglich hinter sich bringen wollen, damit sie zum Spielen rausgehen können, hätten am liebsten Eier und *patatas fritas*, aber sie bekommen einen schwarzen Pudding in Olivenöl mit Knoblauch, der mit in Öl und Knoblauch gebratenen Kürbisscheiben serviert wird, denn das möchte eigentlich ihre Tante mal probieren, die sich aber eigentlich Muscheln mit Aioli bestellt hat, das ist eine Mayonnaisesauce mit Olivenöl und Knoblauch.

Zum Trinken und um all das hinunterzuspülen, wird Rotwein, Weißwein, Orangenlimonade, Zitronenlimonade oder Coca-Cola bestellt. Während der Mahlzeit überlegt es sich dann jeder noch einmal anders, und die Teller werden untereinander ausgetauscht, damit jeder von allem kosten kann. Schließlich wählt man noch ein Dessert aus, meistens nimmt jeder einen Flan, um die Sache wenigstens zum Schluß etwas zu vereinfachen.

Papa möchte vielleicht einen Apfelflan, Mama einen Kokosnußflan, fünf von den Kindern nehmen Milchflan, Großpapa Orangenflan, Großmama einen Birnenflan, die Jungen bekommen einen Griesflan, ob sie es mögen oder nicht, und alle übrigen, die Onkel und die Tanten einigen sich auf Vanilleflan. Wer möchte, kann Olivenöl und Knoblauch dazu haben.

Trinken

Die Spanier haben es nicht nötig, sich einen anzutrinken, um ihre Hemmungen fallen zu lassen, denn sie haben gar keine. Sie trinken nur aus zwei Gründen: weil sie durstig sind oder weil sie betrunken werden wollen.

Dasjenige Trinken, das man als Trinkgelage bezeichnen könnte, beginnt in dieser Form in Discos oder Nachtclubs sowieso erst gegen zwei Uhr morgens, und dann kann es sich allerdings hinziehen. Gelegentlich bis nach halb elf Uhr morgens, also weit nach dem allgemeinen Arbeitsbeginn.

Eiskaltes Bier wird am liebsten getrunken, außerdem Gin-Tonic, kalter Weißwein und gekühlter Rotwein. Sherry wird sehr viel weniger getrunken, als man erwarten würde, Brandys sind prima, um damit Farbpinsel auszuspülen, *Anís* (süßer und bitterer) ist bestens geeignet, um eine Magenverstimmung einfach wegzubrennen. *Sangría* wird nur von Touristen getrunken; sie wird gern aus dem zubereitet, was in den halbvollen Gläsern der Nacht zuvor übriggeblieben ist.

Was wird wo verkauft

Die spanischen Ladenöffnungszeiten sind für Besucher aus dem Ausland etwas verwirrend. Im allgemeinen kann man davon ausgehen, daß Läden auf jeden Fall zwischen zehn Uhr morgens und zwei Uhr nachmittags und dann wieder von fünf Uhr nachmittgs bis acht oder neun Uhr abends, manchmal sogar bis Mitternacht geöffnet haben, was abhängt von der Größe der Gemeinde (ob es sich um eine Stadt, eine Kleinstadt oder ein Dorf handelt) und vom Liebesleben des Geschäftsinhabers.

Kaufhäuser in den Großstädten haben den ganzen Tag über geöffnet: Dort ist es der Geschäftsleitung offensichtlich gelungen, sich ein – wenn es denn funktioniert, wirklich bewundernswertes – Rotationssystem für die Siesta ihrer Mitarbeiter auszudenken.

Die Hypermärkte auf der grünen Wiese sind noch eine relativ neue Einrichtung, und eine Fahrt dorthin wird oft noch als eine Art vergnüglicher Familienausflug betrachtet. Die Kunden laufen dann mit vor Staunen offenem Mund durch die Gänge und bewundern Hunderte von vielfarbigen Mountain-Bikes, die von der Decke über einer aus Plastik nachgebildeten Gartenecke hängen. Indessen spüren sie keinerlei Verpflichtung, irgend etwas zu kaufen, höchstens eine Schachtel Käsechips am Schluß, falls sie im Sonderangebot sind.

Auch andere Geschäfte verfügen über ein breites Warenangebot: Obwohl die Inhaberin ihren Laden ursprünglich lediglich mit der Abschicht, Schuhe zu verkaufen, eröffnet hat, könnte sie eines Tages auf die Idee kommen, die nicht für den Haushalt benötigten Eier zu verkaufen, die von den Hühnern stammen, die ihre Schwester in der Vorstadt hält. Wenn es erst einmal so weit ist, gibt es kein zurück mehr. In Metzgereien wird Fisch verkauft, Fischhändler handeln mit Molkereiprodukten, Milchläden bieten Brot und Brötchen feil, bei Bäckern gibt es T-Shirts, in Boutiquen wird Kaugummi und bei Papierwarenhändlern Gemüse angeboten.

Weil dem so ist, hat das Einkaufen etwas Abenteuerliches, wo man was am besten bekommt und welcher

Preis gerechtfertigt ist. Die meisten Hausfrauen kaufen die Dinge ihres täglichen Bedarfs bei irgendeinem Cousin oder beim Onkel, der Tante oder Schwester ihres Nachbarn. Das gibt ihnen das beruhigende Gefühl, daß sie wissen, bei wem sie sich beklagen müssen, wenn die Batterie für die Taschenlampe, die sie nie benutzen, nicht funktioniert.

Körperpflege & Gesundheit

Manche Spanier lieben es geradezu, zum Arzt zu gehen, andere fürchten sich davor. Die meisten haben nicht die leiseste Vorstellung davon, woran sie leiden, wenn sie Schmerzen haben; auch wenn sie es gesagt bekommen, hilft ihnen das nicht weiter, weil einfach jegliche physiologischen Kenntnisse fehlen. Um geheilt zu werden, vertraut man dann einfach auf das geheime Wissen des Medizinmannes oder den Rat der Nachbarin.

Die Apotheker sind gut ausgebildet und wissen, was sie tun. Sie sind durchaus imstande, harmlosere Leiden aufgrund der Symptome, die ihnen beschrieben werden, zu diagnostizieren. Sie werden dann eine bestimmte Sorte Tabletten verabreichen und zur Sicherheit noch ein paar andere Pillen vorschlagen. Falls das nichts hilft, werden sie einfach ein paar andere Heilmittel anwenden, bis der Patient sich wieder erholt hat – oder gestorben ist.

Die spanischen Apotheker hegen wirklich nur die besten Absichten.

Krankenhäuser werden wie Ferienhotels betrieben; niemandem wird gestattet, sich allzu lange darüber zu beklagen, daß man sich krank fühle. Für die Schwestern und Ärzte ist die Arbeit im Krankenhaus eine nicht enden wollende Fortsetzung der ausgesprochen »lustigen Zeiten«, die sie während der Ausbildung gehabt haben, daß sie es einfach nicht mehr lassen können, sich über dies und jenes vor Lachen auszuschütten. So springen sie den ganzen Tag in den Zimmern und Fluren umher und kichern und giggeln vor sich hin, sei es über den einen oder anderen gravierenden Kunstfehler eines Kollegen oder über wirklich schockierend üble Witze.

Patienten, die auf der Schwelle des Todes stehen, werden auf fahrbaren Liegen mit einer Geschwindigkeit und Waghalsigkeit zwischen Intensivstation und Operationssaal hin- und hergeschoben, als ob es darum ginge, für die Rallye Monte Carlo zu trainieren. Aber wehe dem, der als Opfer eines Autounfalls in der Notaufnahme eingeliefert wird! Falls bekannt wird, daß man den Unfall durch riskantes Fahren oder Trunkenheit selbst verursacht hat, kann man sich auf eine ziemlich unfreundliche Behandlung gefaßt machen.

Hygienemaßnahmen im weiteren Sinne

Seit die Menschheit mit Fernsehwerbung beglückt wird, in welcher überirdisch schöne und perfekt gebaute Models alles, was sie haben, vorzeigen, um Automobile, Rechtsschutzversicherungen und Kondome zu verkaufen, rasieren sich die spanischen Frauen unter den Armen, und die gesamte Bevölkerung des Landes putzt sich regelmäßig die Zähne. Ein Bidet gehört zur Standardausstattung jedes neu installierten Bades; außerdem drehbare Wasserhähne, die das kostbare Naß in jede nur erdenkliche Richtung spritzen.

Das Badezimmerschränkchen jeder durchschnittlichen Familie enthält all das an Pflastern, Aspirin, Zahnputzmitteln, nicht aufgebrauchten Medikamenten, Kämmen, Bürsten, Nagel- und Hautscheren, was man in jedem anderen Haushalt der westlichen Welt auch finden würde. Im Unterschied zu den übrigen Ländern werden aber in Spanien die Kondome wohl nicht versteckt. Daß die Kinder die Packungen aufmachen und die Gummis zu Luftballons aufblasen, findet man ganz natürlich und überaus spaßig.

Man kann die spanische Hausfrau ohne weiteres als vom Putzteufel besessen bezeichnen. Den ganzen Tag über wird irgendwo irgendwas auf eine Kehrrichtschaufel gekehrt oder mit einem feuchten Lappen abgewischt. Selbst Unterhaltungen mit der Nachbarin und sogar Telefongespräche werden unterbrochen, wenn sie irgendwo in einer Ecke einen Fleck oder ein Körnchen Staub oder einen Krümel entdeckt, der dort nicht hingehört.

Der Mop ist wahrscheinlich extra für Spanien erfunden worden, wie man vermutet durch einen genialen Mauren, und zwar genau zu jener Zeit, als in der Alhambra die Fliesen verlegt wurden. Seit dieser Zeit hat man noch jede spanische Hausfrau, die das Pulver ihres Scheuermittels wert war, niemals ohne ihren Mop und den dazu gehörenden Eimer gesehen. Sogar Teppiche werden feucht gewischt (und anschließend nach draußen zum Trocknen gelegt), ebenso wie Holzfußböden, der Innenraum der Autos und das Stück Straße, das zum Haus gehört.

In Andalusien macht das Übertünchen ohnehin bereits blendend weißer Häuser einen wichtigen Teil des Daseins aus. Der Anblick eines grauen Flecks auf einer Hausfassade, kann, sofern das Problem nicht sofort behandelt wird, zum Herzstillstand beim Besitzer führen.

Witz & Humor

Worüber sich Spanier hauptsächlich lustig machen, sind Situationen, in denen Angst und Gefahr eine Rolle spielen.

Wenn viele Menschen auf engem Raum zusammenkommen und sich daraus schlimme, ja fatale Folgen ergeben, so wird dies als höchst amüsant empfunden. Darauf ist die ungebrochene Beliebtheit der alljährlich stattfindenden Fiesta zurückzuführen, bei der eine Horde Stiere durch die Straßen von Pamplona getrieben wird. Sinn des Stiertreibens ist es, diejenigen Mutwilligen, die glauben, Torero spielen zu müssen, und sich ein wenig in der Distanz zum Stier verschätzt haben, aus dem Weg zu räumen. Diese Art von selbstmörderischem Rummel findet in gleicher oder ähnlicher Form in vielen Städten Spaniens statt – aus schierer Freude an dem Risiko, von Stierhörnern durchbohrt zu werden.

Auf ähnliche Weise wird Feuerwerken, bei denen womöglich die Hälfte der Raketen und Kracher am falschen Ort oder zum falschen Zeitpunkt explodiert, mit gespannter Erwartung entgegengesehen, und sie werden, im Falle gelungenen Mißlingens, mit begeistertem Beifall bedacht.

Die Spanier haben eine starke Vorliebe für englischen Humor, der sich ja bekanntlich dadurch auszeichnet, daß die Engländer in der Lage sind, herzhaft über sich selbst zu lachen, ohne sich dabei lächerlich zu machen. Auch einen gewissen Sarkasmus läßt man sich gerne gefallen, aber die Spanier neigen von sich aus weniger dazu.

Sex wird als eine der komischsten menschlichen Betätigungen überhaupt angesehen. Dementsprechend werden allenthalben derbe Witze darüber gemacht, egal, wer zuhört; selbst in Familiensendungen im Fernsehen wird nicht davor zurückgeschreckt – auch wenn die Kinder dabei die Ohren spitzen, zucken die Erwachsenen bloß mit den Schultern, weil sie sich sagen, daß dieses Pensum an Humor sowieso auf dem Schulhof durchgenommen wird.

Schwarzer Humor auf Kosten derjenigen, die vom Pech verfolgt sind, ist gleichfalls sehr beliebt.

Da die Spanier keinen besonderen Bezug zu anderen Völkern haben, besteht hierzulande kaum die Neigung, sich über die Bewohner anderer Länder lustig zu machen. Das spanische Äquivalent zu den deutschen Witzen über die Knauserigkeit der Schotten oder etwa der Schwaben sind Witze über die Katalanen. Mit dem Unterschied, daß die Katalanen noch schlechter dabei wegkommen. Und die Katalanen machen es genauso mit den Aragonesen, die sie als noch geiziger hinstellen.

Am schlechtesten kommen die Bewohner eines kleinen Ortes namens Lepe, im Südwesten von Andalusien, weg. Die Quizfrage: »Wie viele Ostfriesen (Iren, Belgier etc.) braucht man, um eine Glühbirne auszuwechseln?« mit der Antwort: »Vier. Einen, der die Glühbirne festhält und drei, die den Stuhl drehen?« wird unweigerlich umgemünzt in die Frage: »Wie viele Einwohner von Lepe...?«

Ihren einschlägigen Ruf haben sich die Lepeianer vermutlich erworben, als ein Schulinspektor aus Madrid, der den klügsten Schüler in der besten Klasse der einzigen Schule von Lepe fragte: »Wer hat den Spaniern den Felsen von Gibraltar gestohlen?«, zur Antwort erhielt: »Ich nicht!« Als der Schulinspektor dies dem betroffenen Klassenlehrer erzählte, versicherte ihm dieser, der Junge sei ein durch und durch ehrliches Kind. Wenn er gesagt habe, er habe den Felsen nicht gestohlen, dann könne man vollkommen sicher sein, daß er es nicht getan habe.

Man kann jedoch nicht sagen, daß die Lepeianer dumm seien. Der Bürgermeister hat sich den Ruf seiner Stadt zunutze gemacht und dafür gesorgt, daß Lepe eine Touristenattraktion für diejenigen wurde, die sich von der Einfältigkeit seiner Bewohner selbst überzeugen wollten – gegen entsprechende Gebühren, versteht sich.

Kulte & Rituale

Die Siesta

Die Siesta ist ohne Zweifel das wichtigste überhaupt im Leben der Spanier. Das zweistündige Nickerchen nach dem Mittagessen ist so heilig, daß jeder, der zwischen drei und fünf Uhr nachmittags auf den Beinen ist, einfach für verrückt gehalten wird.

Die Weihnachtslotterie

Das Glücksspiel ist ebenfalls etwas, das die Spanier mit Leidenschaft betreiben. Das Große Spiel des Jahres ist unter dem Namen »El Gordo«, der Dicke (der große Topf), bekannt. Diese Lotterie gilt als die größte in der ganzen Welt, und die Ziehung der Gewinne findet jedes Jahr am 22. Dezember statt.

Auf den Hauptgewinn werden dreihundert Millionen Peseten ausbezahlt (ungefähr dreieinhalb Millionen Mark). Jedes Los kostet allerdings auch 30000 Peseten, also etwa dreihundertfünfzig Mark. Normalerweise erwirbt man ein sogenanntes *décimo* (ein Zehntellos), oder man organisiert unter Freunden oder Kollegen eine Wettgemeinschaft, die dann ein ganzes kauft.

Die Ziehung der Gewinne ist ein Ereignis von nationaler Bedeutung, das von Millionen Zuschauern im Fernsehen verfolgt wird, wobei die Waisenkinder von San Ildefonso aus Madrid als Glücksbringer fungieren. Sie ziehen abwechselnd die Kugeln aus riesigen sich drehenden Trommeln und verkünden die Zahlen darauf, als ob sie einen Psalm singen würden. Diese Lotterie hat eine große, über zweihundert Jahre alte Tradition, der etwas beinahe so Religiöses anhaftet wie der Christmette bald danach.

Der Macho

Dem spanischen Mann, so wird gesagt, wird beigebracht, daß er nicht glücklich zu sein, sondern ein »richtiger« Mann zu sein hat. Das mag in früheren Zeiten einmal gegolten haben. Da aber nie jemand in der Lage gewesen ist, genau zu definieren, was einen richtigen Mann ausmacht, hatte die Frauenbewegung in Spanien leichtes Spiel, als die Mehrheit der Bevölkerung von der Fernsehwerbung Notiz zu nehmen begann. Da Frauen sehr viele Schlüsselpositionen in der Werbebranche innehaben, sieht man vorwiegend richtige Männer beim Geschirr spülen, Hemden bügeln und Windeln wechseln.

Für diejenigen Männer, die immer noch eine gewisse Neigung haben, den Macho spielen zu wollen, hat der Soziologe José Vincent Marqués einen passenden Rat: »Wenn Sie möchten, daß man Sie liebt und Ihnen gehorcht, dann schaffen Sie sich einen Hund an. Wenn Sie immer recht behalten wollen, dann kaufen Sie sich einen Papagei. Wenn Sie Streit suchen und zufällig in einer Erdgeschoßwohnung leben, dann besorgen Sie sich am besten ein Maultier.«

Machotum ist mitnichten eine Zwangsvorstellung der Spanier, sondern eher eine Vorstellung, die Ausländer hinsichtlich spanischer Männer pflegen.

Organisationen & Institutionen

In der Regel kann man nicht erwarten, daß Einrichtungen des öffentlichen Lebens und ähnliche Veranstaltungen in Spanien funktionieren.

Wenn ein Zug pünktlich abfährt oder ankommt, kann man das als Überraschung und als glückliche Fügung verbuchen. Wenn ein Klempner zu dem Zeitpunkt kommt, den er angekündigt hat, ist das erstaunlich. Wenn ein Telefon in einer öffentlichen Telefonzelle die eingeworfenen Münzen sofort annimmt und wenn man dann gleich beim ersten Wählen den gewünschten Teilnehmer erreicht, könnte man meinen, man befände sich in einer Art Wunderland.

Wenn solche Einrichtungen jedoch in der Regel tatsächlich funktionieren, dann erweisen sich die Benutzer oftmals als nicht besonders kooperativ; das gilt vor allem bei der Benutzung der Müllabfuhr.

Der Müll
In den meisten spanischen Städten und Gemeinden wird der Hausmüll an bestimmten Straßenecken abgelegt, wo er jeden Tag, in der Regel am frühen Morgen, von der Müllabfuhr abgeholt wird. Das klappt im allgemeinen auch reibungslos.

Die Müllmänner sind mit modernen Müllwagen ausgerüstet, die alles auf der Stelle schlucken und zusammenpressen, was einen Höllenlärm verursacht, von dem jeder wach wird. Danach kommt die Straßenreinigung mit Spreng- und Kehrwagen und macht die Stelle blitzsauber. Man kann daher sagen, daß in Spanien jeder Tag makellos beginnt.

Woran es jedoch fehlt, ist eine makellose Einstellung der Spanier hinsichtlich des Umgangs mit ihrem Müll. Sie laden ihren Müll einfach zu jeder beliebigen Tageszeit an jeder beliebigen Stelle ab, wie es ihnen gerade in den Kram paßt. Sobald sie ihn losgeworden sind, meinen sie, es sei nicht länger ihr Problem.

Auf dem Lande haben selbst die zuständigen Behörden diese Einstellung. Wenn man quer durch Spanien fährt, erfreut sich das Auge an blauen Plastiksäcken, orangefarbenen Plastiksäcken, schwarzen Plastiksäcken und sonstigen Plastiksäcken in jeder beliebigen Farbe. Ob an Autobahnen oder Nebenstraßen, überall liegen sie zerrissen herum, und der Inhalt wird vom Winde verweht. Alte Gaskocher, durchgerostete Kühlschränke, verbogene Kinderwagen, die Rahmen von Fahrrädern und zahllose zerborstene Fernsehgeräte werden einfach in die Gegend geworfen und auch größere Geräte wie beispielsweise alte Autos, ausrangierte Maschinen, ausgediente Olivenpressen, durchlöcherte Wassertanks, aufgesprengte Safes, Zahnprothesen und anderer nicht biologisch abbaubarer Schrott.

Die Post

Die spanische Post könnte auch besser funktionieren, wenn die Postbenutzer ein wenig aufmerksamer und ihrerseits hilfreicher wären. Briefeschreiben ist in Spanien einfach nie sehr in Mode gewesen, und das Direktmarketing, bei dem die Unternehmen ihre Kunden mit Werbesendungen überschütten, steckt noch in den Kinderschuhen.

Wenn man einen Briefträger auf dem Lande fragt, so besteht das Hauptproblem bei der Postzustellung darin, daß die Häuser in den Dörfern einfach keine Briefkästen haben. Die Leute dort erhalten so wenig Post, daß die Briefe einfach unter der Tür durchgeschoben oder durch ein offenstehendes Fenster geworfen werden; in diesem Fall kann es vorkommen, daß ein Brief über den glatten Fliesenboden bis unter ein altehrwürdiges Möbelstück im Wohnzimmer rutscht, wo er wochenlang liegenbleibt.

Wenn der Postbote Rückenschmerzen hat und gerade kein Fenster offensteht, kann es vorkommen, daß er sich erst am nächsten Tag mit dem Brief zum Türschlitz hinunterbeugt. Falls man wirklich Wert darauf legt, alle seine Rechnungen pünktlich zu erhalten, empfiehlt es sich, beim nächstgelegenen Postamt ein Postfach zu mieten.

Das Bildungssystem

Das spanische Schulsystem ist ähnlich aufgebaut wie das Lyzeumssystem in Frankreich – mit einem bemerkenswerten Unterschied: In jenem Land werden den Schülern strenge Verweise erteilt, wenn sie zu spät zum Unterricht kommen oder den gigantischen Berg an Hausaufgaben nicht erledigt haben, mit dem sie jeden Tag heimgeschickt werden. Wenn hingegen ein spanisches Kind zu spät zur Schule kommt, was die Regel ist, so wird es in den meisten Fällen immerhin noch vor seinem Lehrer das Klassenzimmer betreten können.

In einer Dokumentationssendung über das Schulsystem im Fernsehen wurde ein zwölfjähriger Junge über seinen Schulalltag befragt. Ganz unbefangen begann er zu erzählen: »Im allgemeinen komme ich so zwischen neun und halb zehn in die Schule...«, was den Interviewer offensichtlich zu keiner Zwischenfrage veranlaßte. Das gilt hierzulande als normal.

Im Alter von fünf Jahren gehen die Kinder im allgemeinen in einen Kindergarten und beginnen mit sechs Jahren im Lyzeum. Dort durchlaufen sie acht Klassenstufen bis zum Alter von vierzehn Jahren. Dort teilt sich der Weg entsprechend ihren Fähigkeiten. Die einen unterziehen sich einer *formación profesional* (Berufsausbildung), einer Art Berufsschule, die grundlegende Kenntnisse kaufmännischer oder technischer Art für bestimmte Standardtätigkeiten vermittelt. Die anderen besuchen eine höhere Schule, wo sie sich bis zum *bacho*, dem Abitur durchpauken, und von dort geht es auf eine der Universitäten in den größeren Städten.

Salamanca ist eine typische Universitätsstadt wie in

Deutschland Tübingen oder Göttingen oder wie Oxford und Cambridge in England. Die dortige traditionsreiche Universität hat den besten Ruf, aber dies wahrscheinlich vor allem in den Augen derjenigen, die nicht da studiert haben. Ansonsten ist es nicht weiter wichtig, ob man in Granada, Córdoba, Sevilla oder Barcelona studiert hat. Es kommt einzig und allein darauf an, einen Examensabschluß zu haben.

Staat & Verwaltung

Solange Franco regierte, hat er alles darangesetzt, die Lebensfreude der Spanier mit militärischer Strenge, polizeilicher Überwachung und gemäß den überkommenen Moralprinzipien der heiligen Kirche zu unterdrücken. Es ist ihm nicht gelungen. Das einzige, was er erreichte, war, die Spanier für einige Jahren ein bißchen unglücklich zu machen, aber das vitale Leben in Spanien war auf Dauer nicht in einen Zustand wie im düsteren Mittelalter zu Zeiten der Inquisition zurückzuversetzen.

Kaum war er tot, wurden die rechtsgerichteten Zeitschriften an den Kiosken ohne viel Federlesens durch die neuesten Ausgaben des *Playboy* ersetzt, und an den Stränden lagen die Sonnenanbeterinnen fortan genauso oben ohne wie in allen anderen europäischen Ländern auch.

Von 1982 bis 1996 regierte in Spanien die PSOE, die Sozialistische Arbeiterpartei Spaniens, unter ihrem Vorsitzenden Felipe Gonzáles. Die Korruption, die in dieser Zeit ans Licht der Öffentlichkeit kam, brachte den Chef der Guardia Civil (der mächtigste Polizist des Landes) und einige seiner Untergebenen ins Gefängnis, ebenso mehrere Minister und eine Anzahl sehr hoher Banker. Im März 1996 wurde González' rechter Rivale José Maria Aznar (ein ehemaliger Finanzinspektor) zum Regierungschef gewählt. Das Land erwartet weitere politische Skandale.

Die demokratische Regierungsform hat inzwischen feste Wurzeln in Spanien, das Land ist ein geachtetes Mitglied der internationalen Gemeinschaft und ein Motor der europäischen Integration. Angetrieben von Großveranstaltungen wie den Olympischen Spielen in Barcelona und der Weltausstellung in Sevilla, hat man sich eine neue Infrastrukur zulegt, das Pro-Kopf-Einkommen ist in die Höhe geschnellt, und Mc Donald's-Restaurants finden sich mittlerweile auch überall.

Bürokratie

Wer auf Dauer in Spanien wohnen arbeiten und/oder seinen Ruhestand genießen möchte, kommt nicht umhin, einen Teil seines Lebens auf Ämtern zuzubringen, um sich diese oder jene Genehmigung zu besorgen. Um überhaupt offiziell zu existieren, muß man sich registrieren lassen, sobald man einmal geboren ist; wenn man aus dem Ausland kommt, braucht man eine Aufenthaltsgenehmigung, um bleiben zu können; man braucht eine Erlaubnis, um eine Firma zu gründen, ein Auto zu fahren, ein Haus zu bauen, eins abzureißen und um unter würdigen Umständen begraben zu werden.

Für die Erlangung einschlägiger offizieller Dokumente, die es einem gestatten, das zu tun, was man gerne tun möchte, sollte man mehrere Wochen oder Monate im Jahr reservieren. Hartnäckiges und ausdauerndes Schlangestehen ist dabei unvermeidlich.

Zuerst muß man anstehen, um ein Antragsformular für die jeweilige Genehmigung zu erhalten, dann muß man wieder anstehen, um das Antragsformular einzureichen, sobald man alle darin enthaltenen irrelevanten Fragen beantwortet hat.

Dabei wird man dann darüber belehrt, daß der Antrag nicht bearbeitet werden kann, weil zwei oder drei weitere offizielle Dokumente fehlen, die nur bei zwei oder drei weiteren Amtsstellen zu erhalten sind, bei denen man sich ebenfalls anstellen muß. Diese anderen Amtsstellen befinden sich mit Sicherheit in anderen Amtsgebäuden in ganz anderen Stadtteilen oder in einer ganz anderen Stadt.

Sobald man die notwendigen Papiere beisammen hat, wird man darüber in Kenntnis gesetzt, daß die erteilte Erlaubnis nicht als wirksam angesehen wird, solange sie nicht vom *jefe* (Amtschef) einer weiteren Behörde abgestempelt worden ist. Und dieser kann seine Genehmigung nicht erteilen, weil inzwischen die Gesetze hinsichtlich der beantragten Erlaubniserteilung aufgrund neuer Regularien aus Brüssel geändert wurden, was nichts anderes bedeutet, als daß das ganze Spiel von vorne losgeht.

Und in Spanien haben sämtliche Behördenstellen unterschiedliche Öffnungszeiten; an den Nachmittagen allerdings sind alle geschlossen.

Wenn man den zähen Kampf mit dem spanischen Amtsschimmel aufzunehmen gedenkt, sollte man sich vorher vor allem mit einem möglichst vollständigen Festtagskalender ausrüsten, um gegen unliebsame Überraschungen gefeit zu sein. In diesem Kalender sollten alle nationalen, regionalen und lokalen Feiertage verzeichnet sein, ferner die Festtage der in Frage kommenden Heiligen, der Geburtstag des Bürgermeisters, der Hochzeitstag seines Stellvertreters und, falls möglich, die Kaffeepausen der subalternen Beamten.

Erfreulicherweise haben die Spanier schon vor langer Zeit erkannt, welche Hindernisse dem durchschnittlichen Bürger auf seinem Weg zu Glück, Geld und Gut von den Behörden in den Weg gelegt werden. Um hier Abhilfe oder zumindest Erleichterung zu schaffen, hat man in Spanien die sogenannte *gestoría* erfunden.

Die Tätigkeit eines *gestor* kann vieles Verschiedenes beinhalten. Er kann ein Manager, ein Makler, ein Repräsentant, ein Veranstalter, ein Anwalt sein. Die *gestoría*, die Firma oder das Büro des *gestor* ist jedenfalls die Stätte, wo alle verzweifelten Anstragsteller am Rande des Nervenzusammenbruchs Zuflucht und Hilfe suchen.

Man kann einen *gestor* damit beauftragen, alle Dokumente und Papiere, die man braucht, um eine Genehmigung zu erhalten, zusammenzutragen, und er kann einem sogar die Genehmigung selbst besorgen: wirksam und mit Brief und Siegel. Nur über die saftige Gebührenrechnung sollte man sich nicht wundern.

Die Erfolgsquote eines gut etablierten *gestor* liegt bei hundert Prozent, denn er verfügt über einen direkten Draht zu allen wichtigen Behördenchefs, mit denen er regelmäßig Kaffee trinken geht. Anfänger in diesem Gewerbe erkennt man daran, daß sie ihr eigenes Büro nur am Nachmittag geöffnet haben, weil sie den ganzen Vormittag auf den Ämtern verbringen, um die Hindernisse aus dem Weg zu räumen, die diese ihren Klienten in den Weg gelegt haben.

Verbrechen & Strafe

Die Spanier halten nicht viel davon, sich an Regeln und Vorschriften zu halten, denn das würde nur unnötig die Lebensfreude schmälern. Aber da sie leidenschaftlich an ihrer Freiheit hängen, finden sie die Vorstellung, eingesperrt zu werden, so abschreckend, daß sie stets ein wachsames Auge auf die mögliche Präsenz der Polizei haben. Diese ist in Spanien in verschiedene Organanisationen aufgeteilt.

Die Männer der *Guardia Civil* haben avocadogrüne Uniformen und tragen operettenhafte schwarze Lacklederhüte. Ihnen obliegt der Grenzschutz, und außerdem patroullieren sie außerhalb der Städte, auf den Autobahnen, den Nationalstraßen und allen Landstraßen. Sie bewegen sich in Limousinen, Landrovern, zu Pferde, bisweilen auch auf Eseln oder zu Fuß fort. Sie sehen alle ziemlich grimmig drein, und so wie sie bellen, beißen sie auch.

Die Beamten der *Policía Nacional* tragen haselnußbraune Uniformen, und sie sind für die Sicherheit und Kontrolle in Städten mit mehr als 20 000 Einwohnern zuständig. Diese Männer sind so übernervös wie alle städtischen Polizeibeamten und blasen ohne Unterlaß in ihre schrillen Polizeipfeifen.

Die Leute vom *Cuerpo Superior* oder Supercorps kann man nie erkennen, denn sie tragen Zivil. Es handelt sich um Kriminalbeamte, und sie sind eine Abteilung der *Policía Nacional.*

Der *Grupo Español de Operaciones* ist ein Gegenstück zur deutschen GSG 9. Diese Eliteeinheit ist im allgemeinen unsichtbar, bis sie zu Einsätzen gerufen wird, bei denen es darum geht, mit Terroristen, Flugzeugentführern, Kidnappern, Bankräubern und anderen Verbrechern dieses Kalibers fertigzuwerden.

Die Männer der *Policía Municipal* tragen mitternachtsblaue Uniformen und sind außerdem an dem schwarzweißen Band um ihre Chauffeursmütze zu erkennen. Ihre Tätigkeit besteht hauptsächlich im Schulterzucken angesichts der kleineren Vergehen und Mißhelligkeiten der Bevölkerung in Städten mit 5000 und 19 999 Einwohnern.

Da sie dem jeweiligen Bürgermeister unterstehen, verteilen sie Strafzettel mit Geldbußen eher in Abhängigkeit vom Kontostand der Gemeinde und nicht so sehr, weil man an der falschen oder an der richtigen Stelle geparkt hat. Wenn man diese Polizisten nach dem Weg zur nächstgelegenen Tankstelle fragt, muß man sich darauf gefaßt machen, daß sie ihn nicht kennen, sich aber statt dessen eine Zigarette schnorren.

Alle spanischen Gesetze sind sehr leicht zu umgehen, und oftmals scheint es so, als ob sie nur aus dem momentanen Bedürfnis heraus erlassen werden, jemandem, der an den Hebeln der Macht sitzt, die Taschen zu füllen. Rechtsetzung und Rechtsbeugung gehen oftmals von Anbeginn an Hand in Hand.

Wenn man in ernsthafte Schwierigkeiten gerät, ist es

das beste, sich der Dienste und des Rates eines *abogado* (Anwalt) zu versichern. Ein *abogado* kümmert sich auch um alle Papiere, die für den Kauf oder Verkauf einer Immobilie notwendig sind, um Testamente, Scheidungen etc.

Ein *notario* (Notar) wird darüber hinaus benötigt, wo es um Urkunden, bestimmte formgebundene Kaufverträge und Beeidungen geht.

Da man auf allen Ebenen des spanischen Justizwesens mit Verzögerungen rechnen muß, wird der beste Anwalt nicht derjenige mit dem umfassenden Fachwissen sein, sondern derjenige, der der Cousin des kleinen Gerichtsschreibers ist. Der arrangiert nämlich die Gerichtstermine und weiß, wann und wo die hohen Herren zum Kaffee trinken gehen.

Gefängnisse

Häufig hat die Polizei das Recht, Deliquenten, deren Nase den Beamten nicht gefällt, bis zu 72 Stunden in einer Zelle in Gewahrsam zu nehmen. Danach hat man die Möglichkeit, gegen die Festnahme Beschwerde einzulegen.

Vorsichtshalber sollte man aber das Mañana-Syndrom in seine Rechnung einbeziehen, wenn man die Zeit bis zur Freilassung zu kalkulieren versucht. Am besten, man stellt sich auf 72 Wochen ein.

Die Gefängnisse sind allerdings nicht so schrecklich, wie man vielleicht befürchten könnte. Ein kleiner Spitzbube von jenseits der Pyrenäen, der bereits in seinem

Heimatland eingesessen hatte und den es wegen der Argloskeit der Touristen immer wieder an die Costa del Sol zieht, war voll des Lobes über die Zuvorkommenheit der spanischen Justizverwaltung.

Wenn man ihm Glauben schenken darf, wurde der Aufenthalt dadurch erträglich gestaltet, daß die Insassen nur für zwei Stunden während des Tages und natürlich zur Siesta und zur Schlafenszeit während der Nacht in ihrer Zellen eingesperrt waren. Jeweils zu zweit wurde eine Zelle bewohnt, die mit Waschbecken und Toilette ausgestattet war. In drei von fünf Zellen gab es Fernsehgeräte, die großzügigerweise von früheren Insassen zurückgelassen wurden.

Der Kontakt der Gefangenen zu ihren Familien wurde gefördert. Es gab Privaträume, in denen sich Ehegatten zwei Stunden pro Woche aufhalten konnten. Jederzeit konnte man seine Familie oder einen Anwalt telefonisch erreichen. Spezielle Anstaltskleidung gab es nicht, jeder konnte tragen, was er wollte.

Die Gefangenen wurden stets mit Achtung und Respekt behandelt. Aufseher und Insassen konnten gemeinsam Brettspiele spielen, was zu einer entspannten Atmosphäre beitrug. Auch Fortbildungsmöglichkeiten wurden geboten, etwa durch die Teilnahme an Computerkursen. Man erhielt einen Geldbetrag im Gegenwert von ungefähr zweihundert Mark, wofür sich jeder kaufen konnte, was er wollte, außer Alkohol.

Duschen waren genauso jederzeit zugänglich wie die Möglichkeiten, Wäsche zu waschen; Seife und Waschmittel gab es in jeder Menge umsonst, und überhaupt war der hygienische Standard sehr hoch. Das Essen war nahrhaft und üppig, auf besondere religiöse Speisevorschriften wurde Rücksicht genommen. Die medizinische Betreuung war umfassend.

Es gibt keinen Zweifel: Wer eine Verbrecherkarriere ins Auge faßt, sollte sich auf jeden Fall in Torremolinos erwischen lassen und nicht in Butzbach oder Weston-Super-Mare.

Bordelle

Bordelle sind in Spanien gesetzlich nicht erlaubt, was natürlich nicht bedeutet, daß es keine gäbe. Im Gegenteil, die zuständigen Behörden haben schon vor geraumer Zeit erkannt, daß Bordelle eigentlich eine ganz praktische Einrichtung sind. Ihnen ist nicht nur zu verdanken, daß die männlichen Besucher glücklich gemacht werden, darüber hinaus dienen sie auch der Ankurbelung des Tourismus, und sie schaffen ein Ventil für das leidenschaftliche Verlangen junger Männer.

In den meisten Städten firmieren Bordelle als sogenannte Privatclubs, Massagesalons oder Saunas. Denjenigen Anwohnern, die gegen den Betrieb eines Bordells in ihrer Nachbarschaft starke Einwände haben, steht es natürlich frei, derartige ungesetzliche Aktivitäten der Polizei zu melden und den Inhaber anzuzeigen. Die Polizei wird dann in solch einem anrüchigen Etablissement eine Hausdurchsuchung vornehmen und feststellen, daß es in den fraglichen Räumlichkeiten mehr Betten gibt, als für den Betrieb einer Bar oder Diskothek üblicherweise nötig sind, und Anordnungen treffen, daß die inkriminierten Einrichtungsgegenstände umgehend entfernt werden.

Am darauffolgenden Tag wird man eine große Schau abziehen, wenn die Lotterstellen auf die offenen Ladeflächen von Lastwagen gestapelt werden, die dann einmal quer durch die Stadt und wieder zurück fahren. Und noch am selben Abend gilt: *business as usual.*

Der einzige, der einen echten Nachteil aus der ganzen Aktion hat, ist derjenige, der die Anzeige erstattet hat. Wenn er bei nächster Gelegenheit die Dienste eines Klempners, eines Tapezierers, eines Reperaturdienstes für den Fernseher oder gar die Feuerwehr benötigt, wird er feststellen müssen, daß sie alle gerade furchtbar viel zu tun haben: Mañana! Mañana!

Eine marokkanische Gewerbetreibende, die mit einem einschlägigen Etablissement ein Vermögen verdient hat, hat einmal zu Protokoll gegeben, daß bei ihr die für die notwendigen Verrichtungen gestattete höchste Verweildauer sieben Minuten betrug. Das Durchschnittsalter ihrer Klienten betrug zweiundzwanzig Jahre (in der Mehrzahl handelte es sich um junge Wehrpflichtige, die weit weg von zu Hause in einer Garnison lagen); Männer mittleren Alters kamen eher selten, und die über Sechzigjährigen stellten ein Problem dar, weil sie sich lieber unterhalten wollten und zu lange brauchten, bis sie sich ausgezogen hatten.

Für diejenigen, die sich für ihre sexuellen Vergnügungen mehr als sieben Minuten Zeit lassen wollen, gibt es Pornovideos, die in den meisten Hotels und Bars im Preis inbegriffen sind und in vielen modernen Appartementblocks ein- oder zweimal pro Woche zu einer bestimmten Zeit ins Kabelnetz eingespeist werden. Es ist nicht ungewöhnlich, daß in solchen Nächten sich nach dem Abendessen ganze Familien oder Paare mit ihren Bekannten und natürlich die vielen Alleinstehenden vor dem Fernseher versammeln und sich kaum vorstellbare Vorgänge zwischen vollbusigen deutschen Damen oder üppigen Skandinavierinnen und ihren erstaunlich gut bestückten adonishaften Gespielen betrachten. In leuchtenden Farben – freilich vorherrschend Pink – werden sämtliche Positionen durchdekliniert.

Zwei ältere Herren vom Lande, die nach einem harten Arbeitstag zufällig in einer Bar zusammensaßen, wo solche Darbietungen in einer Ecke über der Theke flimmerten, und eigentlich ganz harmlos ihre Oliven pickten, äußerten unverblümt ihr Erstaunen über ein derartiges Programm.

»Ich hätte mir nie träumen lassen, was man alles mit ihnen machen kann«, sagte der eine zum anderen.

»Und ich hatte keine Vorstellung, was sie mit einem alles anstellen können«, erwiderte der andere.

»Jetzt ist es für uns zwei leider zu spät, um das noch ausprobieren zu können«, seufzten beide und bestellten einen weiteren Cognac, um ihren Kummer darin zu ertränken.

Geschäfts- und Arbeitsleben

Jeder, der mit spanischen Firmen zu tun und gar Verträge auszuhandeln hat, sollte sich mit großer Geduld wappnen, und einige Vorkenntnisse hinsichtlich der landesüblichen Usancen und des Geschäftsgebarens können nicht schaden.

Manager

Als leitende Angestellte fungieren im allgemeinen die Söhne oder Neffen des Geschäftsführers, beziehungsweise die Schwiegersöhne der Vorstandsmitglieder. Keinem Direktor in Spanien wird es einfallen, sich einem Gesichtsverlust auszusetzen, indem er einen Untergebenen oder sonst jemand nach dessen Meinung fragt. Das gälte eindeutig als Zeichen von Schwäche und würde innerhalb der Abteilung nur für Verunsicherung sorgen. Von denjenigen, die das Sagen haben, wird nicht erwartet, daß sie sich bei irgend jemandem Rat holen, sondern daß sie selbst die Entscheidungen treffen, denn dafür werden sie ja mit üppigen Gehältern belohnt. Eine Aufstellung der Durchschnittsjahresgehälter von leitenden

Direktoren des Maschinenbaus im internationalen Vergleich ergab folgendes Bild:

Großbritannien:	261 000.– DM
Frankreich:	294 000.– DM
Italien:	315 000.– DM
Deutschland:	330 000.– DM
Schweiz:	369 000.– DM
Spanien:	375 000.– DM, das höchste von allen.

In großen Firmen werden die Abteilungsleiter nicht dazu ermuntert, miteinander zu kommunizieren, denn es bestünde die Gefahr, daß sie sich in die Arbeit der Kollegen einmischen. Auch innerhalb der Abteilungen werden die Angestellten nicht zu Erfahrungsaustausch und Kooperation ermuntert, denn auch in diesem Falle könnte es ja sein, daß sie dann keine Zeit mehr finden, sich um ihre eigenen Aufgaben zu kümmern.

Natürlich wird dadurch jeglicher Teamgeist von vornherein unmöglich gemacht (davon hat man in Spanien sowieso noch nichts gehört), und es wird sichergestellt, daß keiner weiß, was der andere tut. Daran mag es liegen, daß es bis zu fünf Jahren dauern kann, bis wenigstens endlich einmal ein Brief beantwortet wird.

Ermahnungen und Kritik werden allenfalls zähneknirschend akzepiert, wenn sie von ganz oben kommen, aber keiner wird jemals eingestehen, einen Fehler gemacht zu haben. Anderen Kollegen wird zwar nicht direkt Schuld gegeben, wenn etwas schiefgelaufen ist, aber der Schwarze Peter wird schnell und unauffällig denjenigen zugeschoben, die mit dem fraglichen Problem gar nichts zu tun haben und es daher einfach zu den Akten legen.

In vielen spanischen Unternehmen spielen familiäre Verbindungen, seit langem bestehende Freundschaften und ähnliche Loyaltäten eine bei weitem größere Rolle als Cleverness oder Fachwissen. Wer einen umgänglichen Charakter hat und sich persönlicher Gewogenheiten erfreut, hat bei weitem bessere Chancen als lediglich (Geschäfts-)Tüchtige. Wer am Kaffeetisch amüsant zu plaudern weiß, bekommt den (besseren) Job.

Auf beruflichen Ehrgeiz trifft man bei Spaniern selten. Sie scheren sich nicht um den »Erfolg«; es geht ihnen hauptsächlich darum, genug Geld zu haben, und nicht zu arbeiten um des Arbeitens willen. Einen Angestellten mit der Aussicht auf Beförderung plus höherem Einkommen plus üppigeren Spesen dazu bringen zu wollen, seinen angestammten Posten zu verlassen, bringt nur selten die gewünschten Resultate.

Bank & Buchhaltung

Um neugierige Augen davon abzuhalten, herauszufinden, wie es um eine Firma steht oder was sie vorhat, wird kein spanischer Geschäftsmann mit einiger Selbstachtung auf die Idee kommen, lediglich mit einer Bank zusammenzuarbeiten. Sich allein auf eine Hausbank zu verlassen oder gar loyal mit nur einer Filiale zusammenzuarbeiten, macht in den Augen der Spanier keinen Sinn.

Alles, was mit Geld und Zahlungen zu tun hat, wird in so viele Töpfe wie möglich verteilt. Auf diese Weise hat niemand den Überblick, was wirklich vorgeht, nicht einmal die Buchhalter in der eigenen Firma.

Das spanische Buchhaltungssystem ist so ausgelegt, daß es jedermann den Eindruck vermittelt, er bekomme einen klaren Überblick, wenn er die Bilanzen studiert. Seine Raffinesse besteht aber in Wirklichkeit darin, daß alle Informationen über die Finanzen erfolgreich vor jedermann verschleiert werden können, insbesondere gegenüber den Aufsichtsräten und den Aktionären.

Meetings

Sitzungen oder Konferenzen nur mit Spaniern anberaumen zu wollen, ist ein von vornherein zweckloses Unterfangen, da sowieso niemand zum geplanten Termin erscheint. Falls es sich um internationale Unternehmen oder um Firmen im Exportgeschäft handelt, werden Konferenzen nur arrangiert, um den ausländischen Managern und duchreisenden Kunden einen Gefallen zu tun; falls es Kaffee gibt, tauchen bei solchen Gelegenheiten sogar einige Spanier auf, aber niemand nimmt Notiz von dem, worüber gesprochen wird, da der oberste Boß doch immer die eigentlichen Entscheidungen trifft (ohne jemanden zu fragen).

Konkurrenten
Vier Wörter sollte man kennen, die in Verbindung mit Kommentaren über Konkurrenten, Kunden oder Kollegen immer wieder im Gespräch fallen:

valiente – das ist derjenige, der furchtlos die Entscheidungen fällt. Er stellt einen gleich vor vollendete Tatsachen.
bueno – ein cleverer Typ, aber er meint es ehrlich.
inteligente – zum Gähnen zuverlässig; ist imstande, unverständliche Statistiken bis zum Abwinken herunterzubeten.
listo – ein ganz gerissener Kerl. Ihm kann man nicht einen Moment über den Weg trauen.

Sprache & Wörter

Die Spanier reden und reden – so gern, daß sie sich überall und zu jeder Zeit in ein *ocio* vertiefen, egal, ob sie sich gerade mitten auf der Straße befinden und ein Verkehrschaos verursachen oder im Supermarkt vor dem Kühlgerät mit den Milchprodukten stehen bleiben, was dazu führt, daß die Hausfrauen, die in Eile sind, ohne den Milch-, Butter- und Käsevorrat für die ganze Woche nach Hause zurückkehren müssen.

Eine andere Facette der spanischen Redelust ist die *tertulia*, was wörtlich übersetzt »eine Versammlung« bedeutet, aber die geläufige Bedeutung ist eher »Debatte«.

Im allgemeinen findet solch eine *tertulia* in einem Café statt, wo sich eine Gruppe Intellektueller trifft, die ganz versessen darauf sind, ein Thema, das ihnen am Herzen liegt, bis in alle Einzelheiten durchzudiskutieren. Die *tertulia* mündet dann in ein chaotisches Treffen beduselter Individuen, die sich gegenseitig ihre Meinungen zuschreien und dabei gar nicht merken, daß niemand von dem Notiz nimmt, was sie sich zu sagen haben. So ähnlich wie im Parlament von Madrid.

Schimpfwörter

Ein Spanier braucht nur wenige Augenblicke, um sich zu entscheiden, ob es die Mühe lohnt, sich über etwas zu ärgern, aber wenn die Entscheidung einmal getroffen ist, dann gibt es kein Zurück.

»Hijo de Puta!!!« (»Hurensohn!«), voller Zorn und mit unnachahmlicher Empörung ausgerufen, löst einen ganzen Schwall weiterer unglaublicher Beschimpfungen aus, die dem Subjekt oder Objekt, das den Ärger provoziert hat, entgegengeschleudert werden, ob es sich dabei nun um einen Menschen, ein Tier, eine Pflanze oder sonst einen Gegenstand handelt.

Coño, ein bestimmter Teil der weiblichen Anatomie, wird so oft benutzt, daß es schon gar keine beleidigende Wirkung mehr hat, genausowenig wie *joder*, ein Slangausdruck für Geschlechtsverkehr. Auf der anderen Seite kann die böswillige Unterstellung, daß jemand ein Dummkopf sei, *maleducado* (schlecht erzogen), *imbécil* (schwachsinnig) oder selbst das relativ milde *tonto* (Trottel) echten Anstoß erregen, was häufig genug die Absicht ist.

Das Tabu-Thema

Nur wenige Menschen außerhalb Spaniens wissen, daß das Franco-Regime (1939–1975) einen langanhaltenden, geradezu fatalen Eindruck auf die ausländischen Medien gemacht hat. Das Bild vom stolzen, fremdenfeindlichen, nationalbewußten Spanier, das in jenen sechsunddreißig Jahren geprägt wurde, entsprach genau dem

Bild, das die Propaganda unter Franco zu vermitteln versucht hat. Heutzutage wird der durchschnittliche Spanier die Schultern zucken und mit Verwunderung die Verwirrung betrachten, die dadurch angerichtet wurde.

Die Verwunderung und das Schulterzucken, die beide so sehr Bestandteil des spanischen Nationalcharakters geworden sind, haben ihren Ursprung in der unter dem Namen »verlorene Generation« bekannt gewordenen Altersgruppe der mittlerweile Sechzig- bis Siebzigjährigen. Diese waren während des Bürgerkrieges noch Kinder und mußten in den Jahren, die auf diesen erschütternden Einschnitt in der Geschichte Spaniens folgten, ihrem Dasein irgendeinen Sinn abgewinnen – vom zutiefst haßerfüllten sich gegenseitig Töten über den Faschismus bis hin zu einer Demokratie mit einem gekrönten Staatsoberhaupt haben sie zu viel miterlebt.

Die Generation, die darauf folgte, hat sich schnell in der totalen Freizügigkeit eingerichtet, die das Land nach Francos Tod ergriffen hat, aber es gibt immer noch viele, die sich nur zu gut daran erinnern, wie sich ihre Nachbarn, ihre Verwandten, ja selbst die engsten Familienmitglieder, Brüder und Schwestern, in der Zeit des Bürgerkrieges verhalten haben, und sie können einfach nicht vergeben und vergessen, wohingegen die Kinder jener Menschen frei von dieser Art von unbeugsamer Bitterkeit sind.

Das Thema Bürgerkrieg bleibt tabu. Es ist nicht erfreulich.